学問の自由が危ない

佐藤学
上野千鶴子
内田樹 編

晶文社

日本学術会議問題の深層

ACADEMIC
FREEDOM
IS
GUARANTEED

装丁　佐藤直樹＋菊地昌隆（アジール）

はじめに

いきなり闇から怪物が現れ、何かを破壊し、不気味な力で何かを始めようとしている。菅義偉首相による日本学術会議会員6名の任命拒否（2020年10月1日）は、科学者のみならず一般市民を震撼させ、社会全体に衝撃を走らせた。

いったい何が壊されたのか。人々が震撼した危機は何なのか。そして、この事件は何の始まりなのか。本書は、この衝撃的な出来事を多角的に照らし出し、その深層を解明する趣旨で編集された。

私は、この事件を「クーデタ」として認識している。法を蹂躙して国家と社会を激変させる企てがクーデタである。現代のクーデタでは、軍隊は出動しないし戒厳令がしかれるわけでもない。奇襲ではあるが、変化は緩やかに進行する。しかし本質は同じである。秘密裏に計画して奇襲の対象を一か所に定め、人々は傍観者にされ、事件の真相がわかった時には国家と社会が覆されている。クーデタの成功の可否は、奇襲の対象をどこに設定するかにある。菅首相が対象にしたのが日本学術会議であった。

学問を攻撃するクーデタは、世界のトレンドになりつつある。トルコが好例だろう。エルドアン大統領は2016年のクーデタ鎮圧を逆手にとって、より大きなクーデタを企て、1年間で15大学を閉鎖、5300人の大学教員と1200人の大学事務職員を解雇し、899

人の大学関係者を逮捕して独裁政権を確立した。ロシアのプーチン大統領も2013年以降、ロシア科学アカデミーに権力介入し闇の中でメディアと学者に粛清を行って独裁者になった。ハンガリーのオルバン首相も2017年、ヨーロッパの「学問の自由」の拠点である中央欧州大学（CEU）を存続の危機に追い込み、独裁者として君臨している。

この文章を執筆中（12月9日）、自民党政務調査会第二部会「政策決定におけるアカデミアの役割に対する検討PT」（10月14日発足）は、「日本学術会議の改革に向けた提言」をまとめ、法改正に乗り出してきた。この「提言」は日本学術会議の「改革」というよりも「つぶし」である。「改革」案は巧妙である。組織形態として政府から「独立」させながら、「政策のための科学」（ブダペスト宣言の「社会のための科学」のすり替え）を掲げ、活動の方はすべて政府に隷属させる「改革」案である。「改革」が断行されるならば、政府の統制は学問全体と大学全体に及び、ひいてはメディア全体にも及ぶだろう。

他方、日本学術会議梶田隆章会長は、12月16日、「要望書」（任命拒否の理由説明と6人の速やかな任命）への対応をひき続き求めつつ、井上担当大臣に自主改革案「中間報告」を提出した。「中間報告」は、ナショナルアカデミーの5要件として、「①学術的に国を代表する機関としての地位、②そのための公的資格の付与、③国家財政支出による安定した財政基盤、④活動面での政府からの独立、⑤会員選考における自主性・独立性」を明記している。自民党の改革案と日本学術会議の自主改革案の溝は大きく深い。長期戦の始まりである。

任命拒否の暴挙に対し、科学者と市民とメディアは、学問の自由の危機、民主主義の危機、立憲主義の危機、ファシズム前夜の危機を感受し、いたるところで声をあげてきた。その声の広がりも象徴的である。現在（12月）までに800を超える学会、200を超える団体が抗議声明を公表してきた。科学者がこれほど大規模に連帯したのは歴史上初めてである。

その一方で、インターネットには学者と学問に対するルサンチマンが噴出し、デマやフェイク情報が氾濫した。これも事件の様相の一つである。このポピュリズムを基盤として「クーデタ」（国家＝憲法と社会＝民主主義を転覆する企て）が進行している。もし、この企てが成功するならば、社会も国家も闇の中をさ迷うことになるだろう。学問を失った社会は暗闇でしかない。

本書は、この日本学術会議任命拒否問題の決定版として編集され緊急出版された。〈資料編〉には、任命拒否された6人の方々からのメッセージを収め、いくつかの「抗議声明」も再録し、声明を公表した学会一覧も提示した。事件が起こるまで、日本学術会議は、科学者の間でさえ、存在は知られていても活動は十分には知られておらず、ほとんどの市民には存在すら知られていない状態であった。本書によって一人でも多くの方々に、学問の自由の危機の深刻さをわかっていただくことを期待したい。

２０２０年12月16日

佐藤学（編者を代表して）

学問の自由が危ない　目次

1 学術総動員体制への布石

上野千鶴子

上野千鶴子（うえの・ちづこ）

1948年富山県生まれ。社会学者。東京大学名誉教授。認定NPO法人ウィメンズアクションネットワーク（WAN）理事長。専門学校、短大、大学、大学院、社会人教育などの高等教育機関および海外の大学・大学院で40年以上教育と研究に従事。著書に『近代家族の成立と終焉』『家父長制と資本制』（共に岩波書店）、『おひとりさまの老後』（文春文庫）、『女ぎらい』（紀伊國屋書店）、『ケアの社会学』（太田出版）、『サヨナラ、学校化社会』（ちくま文庫）、『情報生産者になる』（ちくま新書）などがある。20〜22期学術会議会員、23〜25期学術会議連携会員。2011年朝日賞受賞。

「そこまでやるか」と「とうとう来たか」

スタートしたばかりの菅政権が、学術会議の第25期新会員候補6名の任命拒否をしたと報じられたとき、最初に思ったのは「そこまでやるか」というショックと、「とうとう来たか」という危機感だった。どんなできごとにも、歴史的背景と経路依存性というものがある。今回の政権のふるまいは、予想を超えたとはいえ、来るべきものがきた、という既視感を与えるものでもあった。

前安倍政権の時代から官邸はほんらい独立性を要求されるポストの人事に手をつっこむことで、反対派を排除し、政権運営をやりやすくしてきた。前政権の忠実な後継者をめざす現菅総理は、前政権の官房長官という番頭役として、人事案件の矢面に立ってきた当の人物である。思い出してほしい、最初のタブー破りの人事は、日銀総裁への黒田東彦氏の就任だった。リフレ政策と異次元の金融緩和に踏み出すことで、政府の金融政策を掣肘する日銀の独立性は失われた。次にNHKの会長人事に元三井物産副社長だった籾井《もみい》勝人氏を充てた。就任時の会見で「政府が『右』と言っているのに我々が『左』と言うわけにはいかない」と発言して物議をかもした。これ以降、「みなさまのNHK」は「アベさまのNHK」と呼ばれるようになり、NHKは「国策会社」と揶揄されるようになった。以後、NHKのニュース番組が劣化したのは、ご承知のとおりだ。次に安全保障関連法制を視野に入れて内閣法制局長官を法律に詳しいとは言えない外務省出身の小松一郎氏に置き換えた。憲法学者が右から左まで「違憲」と判定する「集団的自衛権」を合憲と認めさせ、解釈改憲をなしとげる共犯者に仕立てた。森友・加計問題、桜を見る会などの不祥事が次々に明らかになると、訴追を怖れて検察庁長官人事に手を突っ込もうとしたが、これには失敗した。SNSを中心とした世論の激しい反発を受けたからである（＊1）。いずれのポストも政府に任免権があるが、政府からの相対的な独立を要求される政府機関であった。ましてや官僚人事では、官邸主導で政策に反対する官僚が更迭されたり左遷されたりは、枚挙にいとまがない。公文書改竄に協力した財務省の佐川宣寿前理財局長は国税庁長官に栄転するという報償人事を受け、そのもとで改竄を強いられた近畿財務局の職員、赤木俊夫さんは無念の自死を遂げた。それかあらぬか、国家公務員の志願者は年々減少しているという。これが戦後最長の政権と呼ばれた安倍政権の残したツケである。顧みて慄然とする。

その後継政権を名乗る菅政権は、ついに学術会議の人事に手を出した。踏み越えてはならない一線を越え、やってはならない違法行為に手を出した。学者は真理にしか奉仕しない。論理とエビデンスがその武器である。その学者の集団に対して、まったく何の説明もなく、推薦候補に対して6名の任命拒否をした。それも前期の任期が切れ、新会員の任期が始まる2日前のことである。新会員からなる25期学術会議はただちに総会で、説明と6人の任命を求める簡潔な決議を決定した。それに対する回答は、今日に至るまで、ない。日本の学者コミュニティの名誉にかけて、政権とのこの闘いに負けるわけにはいかない。

アカデミックパージの連係プレー

学術会議任命拒否問題を受けて、『世界』2020年12月号で昭和史家の保阪正康さんと対談した（＊2）。この出来事を戦前の滝川幸辰事件や美濃部達吉の弾圧事件に比する人は多いが、保阪さんはそれ以上の動き、「アカデミックパージ」に匹敵するという。「レッドパージ」の時には根拠のない証言や密告で多くのひとたちが職を追われた。理由を示さない排除に、憶測や忖度が働き、疑心暗鬼がつのる。そして自己規制が始まり、まわりの顔色を見て同調するファシズムまではあと一歩だ。

＊1 政府は63歳で退任予定だった東京高検検事長（当時）、黒川弘務氏を検事総長に充てるために、「国家公務員の定年延長は検察官に適用されない」という前例を覆して定年延長を可能とする法解釈を示し、検察庁法改正案の提出を試みた。森友・加計学園疑惑、「桜を見る会」の疑惑に政権の意向に沿って対処するためとみられる。その後「#検察庁法改正案に反対します」というネット上の投稿が短期間で数百万ツイートに達し、ハッシュタグ・アクティビズムの力で政権が及び腰になったところに、黒川氏のジャーナリストとの賭け麻雀疑惑が浮上し、本人が事実を認めて訓告処分を受け、退職した。

＊2 保阪正康・上野千鶴子「ファッショの構図を読み解く――本丸は学術会議潰し、そして…」『世界』2020年12月号、岩波書店

保阪さんはパージには煽動者、攻撃者、威圧者、権力者の構図があるという。そのとおりの連係プレーが目前に展開した。任命拒否の発覚直後、メディアに煽動者が現れた。フジテレビの解説委員、平井文夫氏が「学術会議会員になれば年金250万円がもらえる」と既得権益集団であるかのような発言をした。これは学士院会員の誤認で、完全なフェイクニュースだった。そこに政治家の攻撃が加わった。元経済産業大臣、甘利明氏が「学術会議が中国の千人計画に協力している」とデマを飛ばし、元文科大臣の下村博文氏が「学術会議は答申を出しておらず、仕事をしていない」と批判した。諮問がなければ答申がないことを百も承知の政治家であるにもかかわらず。追っかけて「任命拒否された6人の学術評価はスコーパス（学術評価ツール）で低評価だった」との攻撃がSNS上を流通した。英語圏中心のスコーパスでは日本語圏の人文社会科学系研究者の評価は低くなる。それがよくわかっていて、専門家のふりをしたこの根拠なき攻撃の発信源の一人は、上念司という加計学園の客員教授だった。あのモリカケ問題の関係者の一人だったとは。語るに落ちるとはこのことであろう。

任命拒否のあと、政権はただちに学術会議を行政改革の検討対象にすると動いた。行革担当相の河野太郎氏が「聖域なき改革」を掲げ陽動作戦に出て、威圧者の役割を引き受けた。自民党は「在り方」検討会議を設置し年内に結論を出すと急ぐ。井上信治科学技術担当大臣が、学術会議を政府機関から切り離す、と次を引き受ける。そして最高権力者である菅総理大臣の意向に沿って、あたかもシナリオがあるかのような、みごとな連係プレーが演じられた。

本丸は学術会議潰し

菅政権の任命拒否を知ってぞくっとしたのは、これが手始めで、いずれ政権の魔手はさらに拡大するだろうという予測からである。本丸は学術会議潰し、そう見てまちがいないだろう。諸外国の例を持ち出して、学術会議を政府機関からはずし、予算も削減して無力化する……それが彼らのシナリオだろう。なぜなら、政権と学術会議との歴史は、一貫して学術会議の空洞化の歴史だったからだ。

学術会議は「政府に提言できる」とあるのに、2008年以降、答申が一つも出ていない、と下村博文元文科相が批判している。政府からの諮問がなければ答申は出ない。その事情をよく知っているはずの閣僚が、ためにする批判をして学術会議の評判を落とそうとする。学術会議に諮問しないのは、代わって「識者」と呼ばれる御用学者を指名する審議会方式で政策決定をすることで、政権が学術会議はずしをやってきたからだ。

だが2008年以降の同じ期間に、学術会議は自発的に321もの提言や勧告を発出してきた。宛先は政府の関連機関だが、ほとんど反応もなく、効果の検証もされない。とりわけ女性会員が増えてからはジェンダー関連の提言や勧告が増えた。国連女性差別撤廃委員会の勧告に従って、ジェンダー法学者らによって夫婦別姓選択制、婚姻年齢の男女平等、離婚時再婚禁止規定の男女平等などを訴えてきたが、司法によって争われ最高裁で違憲判決が出ない限り、立法府も行政府も動かない。最高裁判決に先立って、「夫婦同氏の原則」が男女平等に反し、したがって違憲であることを法学者のコンセンサスとして示したが、司法はその学者コミュニティの「常識」からもずれている。

学術会議改革の成果

わたしは20 - 22期（２００５ - ２０１４年）にかけて、日本学術会議の正会員を務めた。任期を終えたあとも、ひきつづき23 - 25期にかけて連携会員を務めている。傍目には「権威主義」の牙城と見えた学術会議の会員推薦を受けたとき、何かのまちがいだろうと思って直ちに辞退しようと思った。18期に副会長職にあって、吉川弘之会長、黒川清副会長と共に組織改革をなしとげた社会学者、吉田民人さんから、「断らないでほしい」と懇請を受けた。それがなければ、わたしは会員にならなかっただろう。

会員になってみて、わかったことがいくつもあった。会員の多くがほとんど手弁当で学問分野を超えた日本の学術の将来のために献身していること、その作業はしばしば本務に食い込むほどに激務であること、すぐれた活動をしているのに発信力が弱く、政府機関でありながら政府からないがしろにされていること、慎重な検討の結果発出された声明や提言が政府からほぼ無視されていること……などである。

19期の改革そのものが、たびかさなる行革の波のなかで、今にもリストラされそうな学術会議を延命させるために断行されたものだった。70才定年制を敷きそれまで学会推薦だった会員候補を、コオプテーション方式という学者コミュニティによる業績評価に変えた結果、会員の構成は大幅に若返り、女性比率も私大出身者比率も増えた。

学術会議はそれまでも二度にわたって推薦方式を変えてきている。最初は学会を選挙区とする公選方式だった。民主的に見えるが、これでは組織票をまとめる力のつよい団体の影響力が強まった。政府に批判的な団体だったので、文部省(当時)がそれを避けたいと思ったのだろう、公選制を推薦制に変えた。結果、巨大学会の学会長経験者が推薦される傾向が強まり、男性中心の長老支配の様相を呈するようになった。

学問の世界には分野毎に消長がある。このやり方では新興の弱小学会の利害が代表されにくい。19期の大改革は、定年制を採用し、女性会員割合の目標値を20%に設定し、それを達成したのである。わたしを含む日本学術会議の女性会員はこの時期にいっきに増えたひとびとである。その後も改革は進み、25期の女性会員比率は37・7%、政府の掲げる数値目標「2020 30」を達成している。衆議院議員の女性比率10・9%、新政権の女性閣僚比率が8・7%だというのに、「多様性がない」とは言わせない。

女性会員比率が上がったのは逆差別の結果ではない。会員候補の選出基準である「すぐれた研究または業績」において、女性研究者に遜色がないからである。90年代に当時御茶ノ水女子大教授であった原ひろ子さんのグループが調査した『女性研究者のキャリア形成　研究環境調査のジェンダー分析から』(＊3)によれば、同一の地位に到達した男女研究者のあいだでは、女性研究者の業績が男性研究者のそれを上回るという結果が出た。裏返せば男性研究者以上の業績がなければ女性研究者は男性並みのポストに就けないことを意味する。研究者集団のなかにおける女性比率の少なさは、逆にそこには選び抜かれた優秀な研究者が集中していることを示唆する。

それだけでなく、学術会議は会員推薦に当たっては、地域、所属大学、分野等に配慮して、多様性を確保するように努力してきた。もし菅総理が言うように「民間、地方、若手」の多様性を選考基準とするなら、「すぐれた研究または業績」にもとづく現行の選考基準を、総理の一存で変更せよということになる。「多様性」も「事前調整」も、過去の選考過程にはなかったものばかりだ。菅総理の「説明」は、苦しい後付けにすぎないことを露呈する一方である。

コオプテーション方式を、密室人事、師弟による順送り人事と批判する声もある。だが学術会議法にいう「すぐれた研究または業績」にもとづいて選出する方式は、国際的に見て妥当なピアレビューに当たる。学術誌の査読システムは、専門家が専門家の業績を判定するというもの。数学の超難問「ABC予想」を証明したという数学者、望月新一さんの業績を理解できるのは、世界で10人もいないだろうと言われる。専門外の他の誰に評価できるだろう。1対1ならコネも入るだろう、だが複数のピアレビューを経て評価された業績には、公平性がある。学問の世界は、性別、年齢、人種、国籍等にかかわらず、業績がフェアに評価されるとわたしたちが信じていられる数少ない分野なのだ。

政権の不快感

学者は時の政権の意向に従わない。それを政権がうとましく感じてきたことは想像に難くない。2015年安全保障関連法制の審議中に、参考意見を求められた右から左までのすべての憲法学者が「違憲」判定をしたことは、苦い記憶だろう。当時矢面に立ったのが官房長官だった現菅総理である。「『違憲じゃない』という憲法学者もいっぱいいます」と答え、「ではいっぱいあげてください」と国会で辻元清美議員に詰め寄られて、3人の名前しか挙げることができず、立ち往生したことは、彼のトラウマになっていることだろう。今回の任命拒否にあたって、105人の名簿から6人をはずす事前選択を行ったのが、杉田和博官房

＊3 原ひろ子編『女性研究者のキャリア形成――研究環境調査のジェンダー分析から』勁草書房、1999年

副長官であることがわかっている。彼は安保関連法制の審議当時、公安関係の要職にあった人物である。

日本学術会議はそれ以前から政権が苦々しく感じる態度を何度もとってきた。そのひとつが「軍事研究に対する反対声明」である。

１９４８年に戦争の反省から、政治から「学問の自由」を守り、戦争による「学術動員」を許さない拠点として、学術会議は設立された。１９５０年に「戦争を目的とする科学の研究は絶対にこれを行わない」旨の声明を、また１９６７年には同じ文言を含む「軍事目的のための科学研究を行わない声明」を発した。さらに２０１７年には「軍事的安全保障に関する声明」を発出して、各研究機関に慎重な検討を求めた。２００７年には防衛庁が防衛省に昇格し、軍事研究予算が増額され、一方で大学運営交付金を年々削られてきた各大学にとっては、喉から手が出るほどほしい競争的研究資金獲得のための誘惑となった。

この軍事研究への反対声明を「学問の自由を侵害する」と論理を逆手にとって非難する者たちがいる。先の声明が学問の自由を阻害し、戦争目的に動員した戦争への反省の上に立っていることを見ない無知から来る、ためにする非難である。科学技術が軍事目的から発達したことは歴史的な事実だが、それは戦争に対して金に糸目をつけず資源が投入されたからである。科学技術は民生目的でも進歩する。何より学術とは公共財であり、その成果は共有財であるはずなのに、軍事研究の成果は独占され、機密情報として秘匿される。しかもそれはより効率的な破壊と殺戮のための研究にほかならない。近年では基礎研究に従事する自然科学者でさえ、自分の研究の成果がエンドユーザー（である人間）にいかなる影響を与えるかに頓着せずに、ナイーブに研究を行ってはならないという倫理的な要請のもとにある。

それだけではない。3・11原発事故後の2015年に、学術会議が発出した『高レベル放射性廃棄物の処分に関する政策提言』もまた、政権にとっては歓迎したくないものだったに違いない。処理できない「核のゴミ」の暫定保管には、地下300メートルの地層処分ではなく、地上施設での乾式貯蔵とし、保管期間は原則50年、再稼働についてはこれから発生する放射性廃棄物の保管容量と保管計画の作成を条件とすべきであるという提言を示した。この提言の作成には、理系の研究者のみならず原発立地をめぐる研究を行ってきたすぐれた社会科学者も加わった。学術会議ならではの領域横断的な科学者の「良識」を示した慎重で周到な提言だが、この提言はこれから先の原子力政策や最終処分地決定のための足かせとなると政権は判断したのだろう。

学術会議の空洞化

科学技術政策への学術会議の発言権もまた空洞化されてきた。学術会議は科学技術研究費の配分権を握っているという誤解があるが、科研費の配分権は日本学術振興会にある。学術会議は２００４年まではそこに科研費審査員を推薦するという権限を持っていたが、２００５年に学振は推薦方法を独自の内部基準に変え、学術会議から科研費に対する間接的な影響力さえ奪った。さらに政府は２００１年に「総合科学技術会議」（２０１４年に「総合科学技術・イノベーション会議」に改組）を設立して、実効性のある科学技術政策のほとんどはそこで決定されるようになった。学術会議は総合科学技術・イノベーション会議の構成員のひとりに、会長を送りこんでいるだけにすぎない。

「科学技術」という名称が示すように、日本の学術政策はほぼ理系中心にまわってきた。人文社会系はお荷物、場合によってはリストラの対象となってきた。２０１５年には当時の下村博文文科相が教員養成系と人文社会科学系の学部・大学院について「組織の廃止や社会的要請の高い分野への転換に積極的に取り組むよう」通知した。あたかも人文社会科学には「社会的要請」がないかのような発言である。吉見俊哉さんの『「文系学部廃止」の衝撃』（＊４）や荒川洋治さんの『文学は実学である』（＊５）など、識者からいっせいに反発が出たことは記憶に新しい。

今回任命拒否をされた６人はすべて第１部会（人文社会科学系）の会員候補である。なら政権は人文社会科学を軽視しているのか？　そうとは思えない出来事があった。１９９５年に制定された科学技術基本法が２０２０年６月に改正されて、科学技術・イノベーション基本法となった。旧法においては「人文科学のみに係わるものを除く」とあった規定が新法では削除され、「人文科学を含むあらゆる分野の科学技術に関する知見を活用すること」を求めた。引用しながら「活用」を思わず「動員」とミスタイプするところだった。政権は科学技術・イノベーションのためには、理系・文系を問わずあらゆる分野の学術の知見を総動員することが必要だと気がついたのだろう。

その必要性は危機管理に際してあらわになる。現在のコロナ禍のもとでも、当初感染症の専門家を中心に構成されていた「専門家会議」は廃止されて、新型コロナウィルス感染症対策本部のもとの「分科会」となり、その構成員には経済学者、ジャーナリスト、法律家などが含まれている。おそらく政府は3・11のリスク管理に学んだのであろう。原発事故対策にあたっては、原子力工学の専門家だけでなく、リスクコミュニケーション、コミュニティオーガニゼーション、法学、行政学、心理学などの専門家を動員して、文字通り「綜合的・俯瞰的」に対応せざるをえないことを理解したのだと思う。こうして人文社会科学もまた「動員」の対象となったのだ。

＊4　吉見俊哉『「文系学部廃止」の衝撃』集英社、2016年
＊5　荒川洋治『文学は実学である』みすず書房、2020年

さらなる介入

学術会議の任命拒否は、これだけでは終わらないだろう。わたしは次の事態を怖れている。次に起きそうなのは、国立大学の学長任命拒否である。すでに1963年に北海道学芸大学札幌分校の校長選で、学内選挙で選ばれた教授が任命拒否されるという事件が起きた。最近の東京大学および筑波大学における学長選挙の不透明性に乗じて、学長任命に干渉してくる可能性は高いだろう。それ以前に、学長候補推薦過程において、文科省の意向を忖度した推薦人事が行われる可能性もある。

さらには科研費への介入が始まるだろう。すでに杉田水脈議員という煽動者が登場している。「反日研究に国費を出すな」という攻撃が、「慰安婦」をテーマにする研究に向けられている。「慰安婦」問題は日本の右派にとってはアキレス腱、触れてほしくないテーマだが、ジェンダー研究者にとっては戦時性暴力をめぐる避けて通れない課題である。その科研費に対する非難に、黙っていられないと危機感を持って訴訟で対抗したのが「フェミニズム科研費裁判の会」の研究者たちである（＊6）。それだけではない。ジェンダー研究そのものがコーナー際に追いつめられる可能性もある。『世界』2019年12月号が報道したハンガリー政府によるジェンダー研究禁止の動き（＊7）は心胆を寒からしめた。対岸の火事とは思えないのは、すでに「ジェンダー・フリー」教育に対するバックラッシュが石原慎太郎都知事のもとの東京都と、安倍政権下で起きているからである。安倍氏は政権トップの座に就く前の2005年に、自民党「過激な性教育・ジェンダーフリー教育実態調査」プロジェクトチームの座長を務め、その事務局長が山谷えり子氏だった。同じ年、内閣府は新国内行動計画策定にあたり「ジェンダー・フリー」不使用の通達を出したが、当時わたしはジェンダーフリー攻撃の本丸は「ジェンダー」攻撃だろうと予測したら、日本会議の関係者からそのとおり、という証言を得たことがある。閣僚の過半が日本会議関係者である安倍政権、後継の菅政権にとって「ジェンダー」研究そのものが「反政権的」と見なされるのもふしぎではない。家族と国家の価値を最優先し、夫婦別姓選択制さえ認めないひとびとにとって、ジェンダー研究は獅子身中の虫だろうから。

この動きはさらに、学術の世界を超えて文化や芸術の世界にも波及するであろう。現に今

＊6　科研（基盤B）「ジェンダー平等社会の実現に資する研究と運動の架橋とネットワーキング」研究グループの4名の共同研究者は、自民党国会議員、杉田水脈氏が「慰安婦」研究を「ねつ造」と決めつけたことに対して、名誉毀損で提訴した。杉田議員は他にも研究費使用の不正疑惑や、「反日的」「国益を損ねる」と科研費助成が問題だと各種メディアでくり返した。「フェミニズム科研費裁判の会」はその裁判を支援する団体である。http://kaken.fem.jp

＊7　アンドレア・ペト「学問の自由とジェンダー研究――ハンガリーのバックラッシュが物語るもの」『世界』2019年12月号。ペトさんの報告によれば「（2018年）ハンガリー政府が専門家や研究機関とのいかなる事前相談もなく、いきなりジェンダー研究の2年間の修士課程認定を取り消した」とある。

年、すでに決定されていたあいちトリエンナーレへの公費支出を、文化庁が理由にならない理由で減額した事実を、わたしたちは目撃したばかりだ。この問題にも「慰安婦」問題が関わっている。反対派は「国益に反する」というが、内実は「政権の意向に反する」にすぎない。学術会議任命拒否については、映画監督の有志やアート界、歌人協会のようなひとびとがつよい危機感を抱いたのも、ゆえなしとしない。いまここで蟻の一穴を食い止めなかったら、言論統制の雪崩は近い将来自分の足元に及ぶだろうと彼らは予想したのである。

波及効果はすでに起きている。任命拒否をされた研究者のもとで学ぶ学生や院生が不利益をこうむらないかと怯えている。また彼らの関係する研究主題に科研費がつかないかもしれないと忖度も起きるだろう。学者も霞を食って生きているわけではない。研究費とポストの前に「学問の自由」はかくして冒されるだろう。

異論排除は学問の死

学問の世界は異論の集合である。学者同士は仲がよいとはいえない。なぜなら仲間はつねに論敵だからである。だが学者同士は、異論を批判しても相手の人格を攻撃しない論争の作法を身につけてきた。そして学問は、異論のなかでこそ、鍛えられ、発展してきた。

政府のキーワード、「イノベーション」は異論のなかでこそ生まれる。異論なきところに

「イノベーション」はない。異論排除は学問の死を意味する。

この度、菅政権がとった態度は、あからさまな「異論排除」である。こんな政権のもとでイノベーションが起きるわけがない。そうなれば日本社会の発展もありえない。

ふだん仲がよいとは決していえない学者同士が、これだけ結束したのは、それだけこの問題に対する危機感が深いからである。

くりかえす。学者は権力にではなく、真理にのみ仕える。そして真理は多数決では決まらない。その武器は論理とエビデンスのみである。菅政権に学者を屈服させることはできない。この戦端を開いたことを、政権は後悔することになるだろう。

2 日本学術会議における「学問の自由」とその危機

佐藤学

佐藤学（さとう・まなぶ）
1951年広島県生まれ。教育学博士、学習院大学特任教授、東京大学名誉教授。三重大学教育学部助教授、東京大学教育学部助教授、東京大学大学院教育学研究科教授を経て現職。全米教育アカデミー会員、アメリカ教育学会名誉会員、日本教育学会元会長。日本学術会議会員（19、21期）、第1部副部長（20期）、第1部部長（22期）。「安全保障関連法案に反対する学者の会」発起人。著書に『学校を改革する』『教育方法学』（岩波書店）、『学校改革の哲学』（東京大学出版会）『学びの快楽』（世織書房）などがある。

1 日本学術会議問題の何が問題か

菅首相による日本学術会議新会員の任命拒否を私が知ったのは、2020年9月30日午後3時である。知人のSNSに10月1日の任命式名簿に小澤隆一さんの名前がなかったという連絡があった。任命を拒否されたのは小澤さん一人なのか、複数なのか、わからなかった。6人全員の名前を知ったのは10月1日夕方のデジタル新聞によってである。

身震いするほどの驚愕の事件である。政権トップがアカデミー会員の任命を拒否することは、ファシズム国家か全体主義国家の独裁者しか起こさないことである。日本の政治はそこまで落ちぶれてしまったのか。

私は2003年から2014年にかけて日本学術会議会員であり、2014年から2020年まで連携会員である。2005年から2008年（20期）には第一部（人文学社会科学）副部長、2011年から2014年（22期）には部長をつとめた。日本学術会議は20年前に行革によって存続の危機に直面し、2004年の日本学術会議法改正によって現在のシステムを構成し維持してきた。その体験から、日本学術会議つぶしが始まったと直観し、学問の自由が戦後最大の危機に瀕していることを認識した。

日本学術会議問題の何が問題なのか。6名の任命拒否には、いくつもの問題が輻輳している。

第一に、６人の任命拒否は日本学術会議法第七条第２項「会員は、第十七条の規定による推薦に基づいて、内閣総理大臣が任命する」と第十七条「優れた研究又は業績がある科学者」に対する違法行為である。さらに言えば２１０名を任命しないのも第七条に対する違法行為である（この違法行為は欠員補充を行わなかった２０１８年から生じていた）。

第二に任命拒否は日本学術会議の独立性を侵害している。日本学術会議法第三条の「独立して」への違法行為であり、内閣設置法第40条「別に法律に定めるところにより内閣府に置かれる特別の機関」にも抵触している。

第三に任命拒否は学問の自由の侵害である。「我が国の科学者の内外に対する代表機関」（第二条）の人事への政治介入は「学問の自由」（憲法第23条）に反する違法行為である。

第四に任命権の濫用である。菅首相は内閣法制局の見解「推薦通りに任命しなければならない義務があるとは言えない」と憲法第15条にもとづいて任命拒否を行ったと答弁、他方、内閣法制局は「解釈変更はない」と述べている。「推薦通りに任命しなければならないという義務があるとは言えない」というまわりくどい言い方に該当するケースとして、たとえば推薦された者が病気などで辞退した場合や、犯罪者であることが判明し不適格である場合などが考えられる。しかし、「日本学術会議法」は病気などの理由で辞退する場合も日本学術会議の「申し出にもつづき」と規定し（第二十五条）、犯罪などが発覚した不適格者であった場合でさえも日本学術会議の「同意」によって任命を取り消すと明記されている（第二十六条）。今回の任命拒否が任命権の濫用であることは明らかである。ましてや理由も明かさず任命拒否を行うことは論外である。

第五に議会制民主主義の破壊である。１９８３年の国会審議と中曽根首相の答弁において日本学術会議の任命権は「形式的」であることが確認されている。国会審議と首相の答弁を官邸内の「秘密文書」で覆すことは、議会制民主主義の破壊以外の何ものでもない。

そして第六に立憲主義の破壊行為である。今回の任命拒否は「憲法第15条」によって行われた。憲法第15条は国民主権による公務員の地位と選挙権と投票の秘密について規定した条文であり、立憲主義にのっとれば、任命拒否の根拠づけは不可能である。

菅首相の任命拒否には、もう一つの問題として任命拒否と併せて進められている日本学術会議の「組織形態」の見直しと行革の動きがある。いわば６人を人質（任命見送り）にして日本学術会議それ自体を政治権力で解体し再編する事態が進行している。この一連の動きにも「学問の自由」の危機が表現されている。

2　日本学術会議法と憲法第23条

日本学術会議法（１９４８年制定）の前文は次のように宣言している。

「日本学術会議は、科学が文化国家の基礎であるという確信に立って、科学者の総意の下に、わが国の平和的復興、人類社会の福祉に貢献し、世界の学界と提携して学術の進歩に寄与することを使命とし、ここに設立される。」

日本学術会議法は、教育基本法（1947年制定）や国立国会図書館法（1948年制定）等と並んで憲法と同様、前文を有する法律として制定された。旧教育基本法の前文は「民主的で文化的な国家を建設して、世界の平和と人類の福祉に貢献」するという日本国憲法の「理想の実現」を掲げ、国家に奉仕する教育から「個人の尊厳」に基づく教育への転換と、「真理と平和を希求する人間」「普遍的にしてしかも個性豊かな文化の創造」を謳っている。他方、国立国会図書館法の前文は「真理がわれらを自由にするという確信に立って、憲法の誓約する日本の民主化と世界平和に寄与することを使命」として、国立国会図書館を設立したと宣言している。この三つの法律は、国家と社会を破滅に導いた戦争に対する反省に立ち、日本国憲法を体現する特別な意義を有する法律として制定されたのである。

日本学術会議法が憲法第23条「学問の自由は、これを保障する」の制度的実体として制定されたことは明らかである。日本学術会議法と憲法第23条は一体のものと言っても過言ではない。1983年法改正までの日本学術会議が「学者の国会」と呼ばれたのも、学問と学問共同体の独立性に支えられていたからである。

その憲法第23条だが、マッカーサー草案においては「第二十二条　学究上ノ自由及職業選択ハ之ヲ保障ス」と記されていた。アメリカ合衆国憲法において学問の自由の条文はない。修正第一条（1791年）において信教、言論、出版の自由が規定されているのみである。マッカーサー草案の「学究上ノ自由」は、憲法第25条（生存権）や第26条（教育を受ける権利）と同様、高野岩三郎らの憲法研究会の「憲法草案要綱」に記述してあった「国民の言論・学術・芸術・宗教の自由を妨げる如何なる法令をも発布することはできない」を参照して挿入されたものであり、ワイマール憲法（1919年制定）との連続性を示すものであった。ワイマール憲法第142条は「芸術、学問およびその教授は自由である。国は、これらのものに保護を与え、かつ、それに参与する」と規定していた。

3　学問の自由の原理

そもそも学問の自由は何を意味するのだろうか。ソクラテスが公開裁判によって毒殺刑（紀元前399年）に追い込まれたことが示すように、最初の大学であるボローニャ大学（12世紀創立）において権力が学問を脅かし続けたことをダンテの『神曲』が描いたように、あるいはジョルダーノ・ブルーノが地動説の宇宙論によって火あぶりの刑に処せられたように（1600年）、学問は成立当初から絶えず支配権力にとって危険な存在であり、政治権力との緊張をはらんで発展してきた。

しかし、「学問の自由」の概念が成立したのは19世紀のプロイセン・ドイツであり、18

10年にフンボルトが創設したベルリン大学は学問の自由を掲げ、1849年制定のフランクフルト憲法は法文上初めて「学問と教授の自由」を条文化した。

学問の自由は、研究の自由、教授の自由、研究発表の自由の三つからなり、大学自治の理念と結びついて発展してきた。

なぜ、日本国憲法は「学問の自由」（第23条）を一般法としての「思想良心の自由」（第19条）、「表現の自由」（第21条）とは別に特別法として条文化しているのだろうか。学問の自由を憲法で条文化している国はドイツ、日本、イタリア、スペイン、ハンガリー、ポーランド、ポルトガル、フィンランド、スイスなどわずかの国々に限られている。ほとんどの国において学問の自由は思想表現の自由の一つとして扱われている。学問の自由を憲法で明文化している国のほとんどが、政治権力によって学問の自由が踏みにじられた苦い歴史を有している。憲法で明文化された学問の自由は、したがって、政治権力による学問への介入を禁じる条文であり、政治権力から学問が独立することを要請する条文なのである。

ワイマール憲法を継承してドイツ連邦共和国基本法は学問の自由を「基本権」の一つとし第5条第3項で「芸術および学問ならびに研究および教授は、自由である。教授の自由は、憲法に対する忠誠を免除しない」と規定している。この条文で「教授の自由」に「憲法に対する忠誠」という制約をかけている点に留意したい。教師と生徒の非対称の権力関係において、憲法に反する教育を行う危険への制約がかけられている。

学問の自由を憲法に明記していない国々おいて、学問の自由はどのように成立したのだろうか。その一例としてアメリカにおける学問の自由について述べておこう。

アメリカにおける学問の自由は、ドイツで成立した学問の自由を移入することによって成立した。19世紀後半のことである。しかし、ドイツとアメリカでは学問の自由の文脈は異なっていた。アメリカの大学は学問とは無縁な人々の理事会によって運営され、財源は寄付者の寄付に依存していた。ドイツの大学では国家権力の政治介入によって学問の自由が脅かされたのに対して、アメリカの大学では理事会や寄付者によって学問の自由が脅かされる状況にあった。この政治的社会的文脈の違いが、ドイツとは異なる学問の自由を成立させている。

アメリカにおいて学問の自由を成立させ発展させたのは全米大学教授協会（American Association of University Professors）である。アメリカにおける学問の自由への攻撃は、その多くが進化論の研究と教育に対する攻撃であり、もう一つはマルクス主義と唯物論の研究と教育に対する攻撃であった。全米大学教授協会が学問の自由の法的根拠としたのがアメリカ合衆国憲法修正第一条の「言論の自由」と「出版の自由」であり、学問の自由の身分保障として要求したのが「テニュア」（終身雇用資格）制度であった。宗教が強い政治的圧力になるアメリカにおいて進化論と唯物論の研究と教育は、政府の権力以上に世論の力によって学問の自由が脅かされ、多くの学者が大学から放逐された。それに対抗したのが全米大学教授協会である。全米大学教授協会は1915年に「学問の自由と学問的テニュアの原理に関する宣言」、1940年にも「学問の自由の原理とテニュアに関する声明」を公表し、1970年には1940年宣言の「解釈」を発表している。「宣言」と「声明」の趣旨は、修正第一条解釈による研究の自由と教授の自由と研究成果公表の自由の主張であり、テニュア制度の要請であった。

なお、「宣言」と「声明」が、学問の自由を修正第一条の信教、言論、出版の自由のように普遍的人権としてではなく、「制約」を有する権利として主張されていることも重要である。その制約とは「学者間による研究の優秀さに関する評価」(peer review) の制約であり、学問研究による公共利益 (common good) を求める制約である。

アメリカにおける学問の自由の歴史は、いくつかの示唆を与えてくれる。第一は学問の自由の担い手と推進者は学問共同体であることである。第二は、学問の自由は民主主義によって支えられるが、もう一方で民主主義によって生じる世論によって脅かされるというジレンマである。民主主義は学問の自由の成立基盤にもなり、学問の自由を脅かす世論の基盤にもなっている。このジレンマをどう原理的かつ制度的に解決するのかが、アメリカの学問の自由に関する論争の焦点になっている。

さらに近年では、進化論を攻撃して神が世界を創造したと主張する創造論運動 (Creation Science Movement) が「学問の自由法案」を各州で制定する動きも見られる。かつて保守的宗教運動は「学問の自由」を攻撃したが、現在は「学問の自由」を法案化することで真理と科学を攻撃している。他国の話ではない。日本においても侵略戦争を美化する歴史修正主義、ドイツではホロコースト否定論が学問の自由を基盤として容認され浸透している。これらの現実を前にして「学問の自由」の原理と実践は、新しいステージに入っていると言ってよいだろう。

4 学問の自由と学者の社会的責任

学問の自由は学問の自由であって、学者個人の自由ではない。ましてや学者の特権でもない。学問の自由は、真理の追求と学問研究の独立性を示すものであり、科学者共同体の使命と社会的責任を意味する概念である。

そのことを明確に提示したのが、1999年にユネスコと国際科学会議(ICUS)共催の「世界科学会議」で採択された「ブダペスト宣言(科学と科学的知識の利用に関する世界宣言)」である。当時、国際科学会議会長は、吉川弘之日本学術会議会長であり、「ブダペスト宣言」は2004年の日本学術会議法改正の骨格になった。現在の日本学術会議は「ブダペスト宣言」の理念と哲学によって制度化されていると言っても過言ではない。

「ブダペスト宣言」は、前文の第一項において「世界の国々や科学者たちは、科学のあらゆる分野から得た知識を、濫用することなく、責任ある方法で、人類の必要と希望とに適用させることが急務であることを認めなければならない」と述べ、「知識のための科学：進歩のための知識」「平和のための科学」「開発のための科学」「社会における科学と社会のための科学」について論じている。

「ブダペスト宣言」において最も重要な概念は「科学者共同体」と「社会のための科学」の二つだろう。「科学者共同体」は、「すべての分野における科学、すなわち物理学、地球科学、生物学、生物医学あるいは工学などの自然科学、そして社会科学、人文科学の営みを通した活発な協力を追い求める」共同体であるとされ、「全世界の科学者の共同体」であるとも言われている。

「社会のための科学」という概念は「ブダペスト宣言」の特徴的概念である。「社会のための科学」の実現のために、科学者は「貧困の軽減など人類の福祉を常に目的とし、人間の尊厳と諸権利、そして世界環境を尊重し」、「今日の世代と未来の世代に対する責任を十分に考慮しなければならない」と述べている。そのうえで、「科学者共同体と政策決定者との協力」「科学者共同体と社会との対話」「科学者の社会的責任と倫理」の実践が要請されている。

この「ブダペスト宣言」を具現化したものが、2004年改正の日本学術会議法による現行の日本学術会議であり、その活動である。日本学術会議は「学問の自由」の理念をいっそう発展させて、「社会のための科学」を追求する「科学者の社会的責任」を共有する「科学者共同体の代表機関」として組織され、活動を続けてきたのである。

「ブダペスト宣言」の理念と哲学を基礎とすることにより、日本学術会議は、世界で最上のアカデミーとしての性格を形成したと言ってよい。私は、2001年以降、全米教育アカデミーの会員（終身会員）であり、日本とアメリカの双方のアカデミーを経験してきたが、その経験から日本学術会議の卓越性を断言できる。

世界各国のアカデミーはそれぞれの国の学術の歴史を反映して多様であり、欧米では非営利組織か非政府組織、アジアでは政府組織が多いが、政治権力からの独立性においては共通している。ほとんどの国のアカデミーは終身会員であり会費制をとっている。全米教育アカデミーの場合、私が会員になった時は100名の上限があり（現在は150名）、その年に死亡した会員の数だけ会員による推薦と選挙で補充されている。会費は全米教育アカデミーの場合、年間約2万円、他に寄付金を会員から徴収している。ほとんどの国のアカデミーは自然科学のアカデミーであり、人文科学を含めたアカデミーを組織している国はわずかしか存在しない。自然科学のアカデミーの多くは政府からの補助金で運営費の3割から8割を賄っている。しかし、人文社会科学のアカデミーの大半は、外部の財団からの多額の寄付金を財源としている（全米教育アカデミーの場合はスペンサー財団）。しかも、ほとんどの国のアカデミーは、諸学会との連携はとっておらず、政策提言を行う団体というよりも終身制の栄誉団体であり、顕彰機能、助成金機能、若手育成機能、社会貢献が主要な活動内容である。

日本学術会議は内閣府に位置づくことにより、すべての省庁の政策に科学的基礎を与える提言活動を中心的活動としてきた。しかも人文科学、社会科学、自然科学を総合して政策提言を行っており、210名の会員と約2000名の連携会員が協力して約2000の学会（学協会）と連携した科学者共同体を構成している。会員の選考方式も他国のどのアカデミーよりも民主的である。会員選考は、会員・連携会員・学協会の推薦で合計約2300名の推薦者から105名の新会員を選出する方式で行っている。「21世紀の科学」に即して採決された「ブダペスト宣言」を参照するならば、現行の日本学術会議に勝るアカデミーの組織形態は想定しにくいことを記しておこう。

5　結びに代えて

菅首相は、6人の任命拒否が「学問の自由とは関係ない」と言い放ったが、その発言は彼が「学問の自由」（第23条）について無知であることを露呈している。菅首相は「学者の方々は個人として自由に研究していただければよい」とも述べているが、これも学問の自由についての無知をさらけだしている。学問の自由は、思想表現の自由の一部ではあるが、その本質は政治権力からの学問の自由と独立性にあり、属人的な個人的自由ではなく学問そのものの自由であり、真理を探究する学問共同体の自律性を意味している。すなわち、彼の任命拒否という行為は学問の自由の侵害（憲法第23条に対する違法行為）そのものなのだが、そのことを彼はまったく理解していない。とすれば、菅首相は、学問についても憲法についても無知蒙昧なのか、あるいは確信犯としての独裁者の暴君なのかのどちらかであろう。そのどちらにおいても、学問にとっては恐怖以外の何ものでもない。そもそも、菅首相の任命拒否が学問の自由の侵害でなければ８００以上もの学会が抗議声明をあげることは起こりえなかったのである。

学問の自由が語られるとき、しばしば言及されるのがジョルダーノ・ブルーノ（16世紀イタリアの天文学者・哲学者・文学者）の逸話である。宇宙に中心はないことを提唱し地動説を擁護して地球の自転を発見したことにより、ジョルダーノ・ブルーノは１６００年、異端尋問にかけられ、死刑を宣告された。その死刑宣告の執行官に向かって彼は、「私よりも宣告を申しわたしたあなたたちの方が、真理を前にした恐怖に震えているではないか」と語り、そのために舌枷をはめられて、火刑に処されたという。

学問の自由を追求する私たちは、ジョルダーノ・ブルーノの末裔である。私たちは、舌枷をはめられる前に学問の自由を声を大にして主張し、日本学術会議と大学が火刑にかけられる前に学問の自由を守り抜く使命と責任をはたす必要がある。学者は真理と論理の追求において決して妥協してはならないのである。

3

政府が学問の世界に介入してきた

長谷部恭男×杉田敦

長谷部恭男（はせべ・やすお）

１９５６年広島県生まれ。早稲田大学法学学術院教授。東京大学名誉教授。２００５年から２０１４年まで、日本学術会議会員。著書に、『憲法 第七版』（新世社）、『憲法学の虫眼鏡』（羽鳥書店）、『憲法講話』（有斐閣）、『戦争と法』（文藝春秋）などがある。

杉田敦（すぎた・あつし）

１９５９年群馬県生まれ。法政大学法学部教授。専門は政治理論。日本学術会議会員（２０１１年～２０１７年）、同会議「安全保障と学術に関する検討委員会」委員長などを歴任。著書に、『デモクラシーの論じ方――論争の政治』（ちくま新書）、『政治的思考』（岩波新書）、『権力論』『境界線の政治学 増補版』（共に岩波現代文庫）などがある。

安倍政権時代から続く政府による人事介入

杉田敦　日本学術会議（以下、学術会議）会員の任命拒否問題は、「政治主導」の意味をはき違えて不当な政治介入を繰り返した安倍政権のやり方を、菅政権が継承していることを示すと言えるでしょう。官邸は2015年、安保法制との関連で内閣法制局に対する人事介入を行いました。2020年には検事総長をめぐって検察官人事に介入します。内閣法制局や検察といった組織がそれまで持っていた独立性、自律性を奪う形で、政権の意向を押し付けようとしたものであり、今回、それが学術会議にまで及んだ形です。学術会議はこれまで、独立して活動することによって、学問的な蓄積に基づいて政策提案などを行い、「国策」の暴走などに歯止めをかける役割をも果たしてきました。しかし、官邸はそこに介入しコントロールしようとしたわけです。

今回任命を拒否された歴史家の加藤陽子さんが、次のような危惧を表明しています。最近、科学技術基本法が改正され「科学技術・イノベーション基本法」となり、「人文・社会科学」も科学技術振興策の対象となった。これによって、研究者が「資金を得る引き換えに政府の政策的な介入」を受ける事態が生まれかねない、と。まさにそのとおりではないでしょうか。

長谷部恭男　おっしゃるように、政府は人事に手を突っ込んで法の支配を揺るがそうとしていますが、政府は今回の件では、こんなに大事になるとは思っていなかったんじゃないかな。

杉田　問題が発覚した当初はかなりあわてていましたね。

長谷部　政府は「日本学術会議法」という法律をちゃんと読んでいるのでしょうか。そこが不思議でなりません。同法1条2項で「日本学術会議は、内閣総理大臣の所轄とする」とあります。「所轄」とは、管理、監督、統括などにくらべてコントロールが弱いときに使うことばです。また同法7条2項には「会員は、第17条の規定による推薦に基づいて、内閣総理大臣が任命する」となっています。ここでいう「基づいて」は、よほどの理由がないかぎり、そのとおりにするべきときに使う言い方です。

杉田　憲法の条文にも、同じようなことばはありますね。

長谷部　はい。憲法第87条「予見し難い予算の不足に充てるため、国会の議決に基いて予備費を設け、内閣の責任でこれを支出することができる」です。国会の議決に基づかないで、議決と違う額の予備費を設けるわけにはいかない。つまり、法律の条文を読めば「基づいて」いないことはやってはいけないということがわかるはず。しかし、学術会議の「推薦に基づいて」ではないことをやりはじめた。これは条文をそもそも読んでいないか、あるいは読んだのに意味が理解できなかったかでしょう。官邸の機能がおそろしく低下している証左と言えます。そういう意味でわたしは危機感を持ちました。

杉田　任命拒否の法的根拠について、政府は２０１８年に、法制局に確認したといいます。

しかし、なにをどう確認したかわからない。あきらかに力わざで6人を拒否して混乱を招きました。じつは学術会議側の、以前の対応にも問題がありました。２０１６年、会員の補欠人事で官邸からの最初の不当な干渉があったとき、わたしは学術会議の役員だったのですが、政治的な介入と思われるので、表に出して問題にすべきと訴えました。しかし、当時の大西隆会長たちは、任命権が総理にある以上、ある程度は先方に付き合う必要があるという誤った判断をし、私の訴えは通りませんでした。官邸と調子を合わせていれば、任命拒否などまではさすがにしないだろう、という判断だったようですが、そうした姿勢が先方につけこまれてしまうわけです。次の山極寿一会長はもちろん事前調整などには応じませんし、山極さんが官邸に行って説明をしたいと申し出たのに、官邸は断ってきたということです。そのようないきさつがあって、今回、学術会議と官邸が激突しました。安倍政権以来、あらゆる人事に対して政治的な介入があり、今回もその一環と見ていいでしょう。

長谷部　その際の「政治的」というのは、党派政治的に介入するという意味ですね。社会に中長期的な利益をもたらすことも「政治」と言われることがある。ところが、昨今の内閣人事局を通じた官僚人事をみても、行われているのは党派政治的な人事で、社会公共のためというのとはちがった意味で「政治的」です。今回の件で政府は「総合的・俯瞰的」とか言って、そこのところを誤魔化そうとしていますが、まったく空々しい言い回しです。

学問の自由と密接に関わる問題

杉田　憲法の規定する学問の自由との関係はどうなりますか。

長谷部　任命拒否が学問の自由と密接に関わってくるということまで、考えが及んでいなかったのではないでしょうか。

残念ながら、学者のなかにも「学問の自由とは関係ない」と主張する人がいます。ここには根本的な誤解があります。学問の自由は、思想、信教の自由、表現の自由といった、他の精神的自由とは性格が異なります。思想、信教、表現はその中身に立ち入って規律を加えることをやってはいけません。一方、学問については、中身に立ち入って厳しく規律を加えていかないと、学問そのものが成り立たない。研究の手続や方法、研究結果の公表の仕方は、研究者相互間の批判と検討を可能とすべく、厳格に規律されます。そこで肝心なのは、そうした規律は、あくまで研究者集団が自律的に行うということで、それが学問の自由が保障されるということです。個々人が勝手に、自分が学問だと思うことを自由にやればいいというわけではない。それでは極端な話、天文学者が「地球は平らだ」と言い出しても学問の自由だということになってしまいます。

社会科学系でも内容に関する規律は必須です。刑法学者が、罪刑法定主義を否定したら、その時点で学者を辞めてもらうしかない。そんな「学問の自由」を主張しても誰も相手にしないでしょう。

杉田　自然科学分野でも、例えば、どんなゲノム研究でも勝手にやっていいということにはなっていません。生命倫理の観点からさまざまな規律がされています。また日本では「平和利用」という名目で原子力発電の研究はしていますが、軍事利用のための核兵器開発研究はできません。学会などによって規律されているからです。「学問の自由」だからとなんでもやっていい、ということにはなりません。

学問の自由について、一部の学者が、「任命拒否された人々も主たる生計を会議から得ているわけではない。大学教授をクビになるのは学問の自由に反するとしても、学術会議会員はアルバイトだから別にいい」などと話しています。これもおかしな話です。

長谷部　それなら、戦前、美濃部達吉が天皇機関説で貴族院議員を辞めさせられますが、貴族院議員でなくても学問はできるのだから、学問の自由の侵害ではなかった、なんていうことになってしまう。

学術会議は学者がそれぞれ専門の知見を持ち寄って社会をより良いものにしましょう、という組織です。だから、党派政治的な考慮から、会員にこの学者はふさわしいのかといって排除したら、学術会議の本来的な機能が損なわれます。この問題について、個々の学者が自由に学問をやっていれば学問の自由だと主張するのは間違いです。

学問共同体は政府に従うような性格のものではない

杉田　今回の事態をきっかけに、学者は思い上がっている、もっと世論に従えといったタイプの反発もネット上などで広がっています。これに便乗するかのように、菅総理らも国会答弁で、学術会議はもっと国民の理解を得る必要があるなどと述べています。もちろん学術会議としても、必要な改革があれば自発的に行うべきですが、かといって、学術会議が、その時々の政権の意向に従う存在になるべきなのかどうか。国の予算が支出されているのだから、普通の官僚機構と同じように政府の方針通りに活動すべきだ、といった論理がまかり通ってしまってはなりません。先ほど確認したように学術会議は独立して活動することが法的に求められていますし、そもそも学者集団＝学問共同体は政府の方針に従属するような性格のものではない。学問共同体はそれ自体が閉じた形で自律性を保ちながら研究成果を発信することで、間接的に社会に寄与する特殊な存在と言っていい。この特殊性について言うと、学者の特権意識などと批判されるので、みな遠慮しているようですが。

長谷部　はっきりと言ったほうがいいと思います。そもそも学者というのは子どものころから勉強大好きという変わった人たちの集まりです。彼らを世間から隔離してひとつのところに集めて自由に研究させると、たとえば飛騨の山奥に大きな穴を掘って水をためたりし始める。でもそれは、まわりまわって中長期的には社会に役立つ大きな成果をもたらすことになります。「近視眼的」な態度で、「金の卵を産め」と言ってガチョウの首を絞めるようなことをすれば、元も子もなくなるのだということを広く伝えた方がいいでしょう。

また、学者の提言が一種の「権威」として機能し、社会に役に立つのはなぜかという論点があります。一般の人がそれぞれ自分たちで判断するよりも、専門分野に詳しい学者の見解を聞いたほうがいいわけです。学者の自律的な研究活動の成果が世界に発信されることが社会に役立つ。それなのに党派政治的な圧力や経済的利害などが学問分野に介入したら、ドナルド・トランプのような人が現れて、「おれの思ったような研究成果にならないのは間違いだ」と言い出すことになります。そこはきちんと真理の探究とはどういうものか、自律的な研究活動の成果がどのように社会に役立つかを説明すべきでしょう。

杉田　学者集団＝学問共同体の成り立ちを歴史的にさかのぼると、近代社会の論理というよりは、ヨーロッパ中世に起源を持つギルド的な組織であることがわかります。職人などのギルドはメンバーの選定、活動の規範などについて、自律的に決める権限を持っていました。大学も同じです。これに類似した存在として、同じくヨーロッパで発達した法律家集団もあります。これらは国家権力に対して独立性を持っている規律主体であり、そういうものが必要であるという考え方が、ヨーロッパでは歴史的に根付いています。しかし、日本ではそうした自律的な共同体の歴史があまりなく、明治維新後に一挙に国家によって大学などが作られたため、こうした考え方が乏しい。国家権力から独立し、独自の規律を持つ共同体の必要性について、日本では根本的に理解されていないようです。学者集団の中でさえ理解されておらず、科学史の大家と目される方が、学術会議任命拒否は民間企業の就職に失敗したのと同じなどと論じておられる始末ですが。

長谷部　大学を示すユニバーシティということばは、ラテン語のウニベルシタス（universitas）に由来します。もともとは、universitas scholarium つまり学者によって構成される法人という意味です。この法人は国家権力からも社会的・経済的権力からも独立した半永久的に続く独自の集合体で、自分たちの規律を保つことで真理に向かって永遠に探究をつづけることを目的としています。だれが法人のメンバー、つまりだれが大学教員になるかという人事も当然、自律的に決める共同体です。ユニバーシティという言葉には、そうした意味が込められているのですが、日本では大学についてこうした考え方が確立していないかもしれません。

杉田　アカデミーとしての学術会議についても、大学の自治と同様の、あるいはそれ以上の自律性が重要ですよね。各国の同様のアカデミーも、その設置形態にかかわらず、誰をメンバーにするかなどについては、政府が口を出したりしていません。

長谷部　学術会議は科学者が集まって科学的根拠に基づいて提言、報告を行い、社会に学問の成果を伝えるという役割を果たしています。だからこそ学者集団の自律性を大事にしなければなりません。学問の自由を守るための核心的なメカニズムが人事ですから、人事の自律性が確保されないと学問の自由は成り立たない。そのことをまず学者の側が自覚しないといけない。

杉田　ここで、私自身も委員長という形で関わった、軍事的安全保障研究（軍事研究）についての学術会議の声明・報告（２０１７）にもふれておきましょう。というのも、一部の政治家なども含めて、この声明こそが学問の自由を損なっている、などという曲解を広めているからです。この声明の内容は、軍事技術を開発するための研究は、一般的に言って、研究の自律性や公開性といった学問研究の根幹を損なうおそれがあるので、研究適切性について大学などの研究機関や学会が慎重に審査すべきだというものです。学術会議が、この声明に沿って個別の大学に介入し、研究を妨害したなどというフェイクニュースも一部メディアなどで流されました。これがフェイクと判明した後にも、声明が結果的に軍事研究の萎縮につながったとすれば、学術会議が間接的に学問の自由を侵害している、などという議論があります。しかし、これについては、先ほども確認したように、学問の自由はそもそも個々の研究者の「勉強する自由」に還元できるものではなく、学問共同体を政治権力から守るために何が必要かという観点から考えられるべきものです。

個々の研究者は、軍事的な研究費を貰えば、短期的には自分の研究ができるようになって良かった、と思うかもしれません。実際、戦後に学術会議が発足したころにも、戦争中は軍からの資金が豊富で研究が捗ってよかったなどと臆面もなく話す研究者もいました。しかし、そういう紐付きの、しかも政府が強く干渉するような軍事目的の研究費が増えて行けば、結果として、国策に沿った研究しかできなくなり、それこそ、学問の自由の喪失につながることは、歴史が示しています。声明も、そこのところを問題にしているのです。

しかも、この声明では、学問の自由の根幹としての大学の自治について、何よりも尊重する立場を明確にしています。学術会議はそもそも大学に対して何かを命令する立場にありませんし、予算や権限を握っているわけでもありません。あくまでも、各大学に対して「よく考えていただきたい」という参考意見を示しただけです。軍事研究の特徴は、機密性が高度に求められるところにあります。したがって、アメリカなどでは大学のキャンパスを普通の研究とは別にしている。日本でそういうことができるでしょうか。そういう点も含めて、研究者に共同研究の場を提供する責任を持つ大学が、それぞれ判断すべきだ、ということなのです。

国と民間の中間的なところで独立性を保つ必要

杉田　ところで、政府から独立して活動すべき存在としては、学者のほかに、裁判官もそうですよね。しかし、政権にとって都合が悪い判決が出そうになったとき、裁判官に対して「あなたがたの給与は税金で賄われているのだから、国民によって選ばれた政権の意向に添う判決をすべきである」なんて言うことはできません。いまの政権の学術会議への対応はそういうことでしょう。裁判官の比喩は、学者共同体である学術会議にあてはまると考えていいでしょうか。

長谷部　はい。国家公務員もそうです。彼らの人事にたずさわる人事院は、世のため人のために働く優秀な国家公務員を採用するため、専門的な立場から試験問題をつくり、きちんと公正に採点します。ところが、いまの政権にとって気に入る人材を優先的に採用してくれと言い出したら、世のため人のためになりません。当たり前の話ですが、そのあたりを考えてないと。

杉田　国会議員についてはどうですか。

長谷部　一種の国家公務員ではあるでしょう。憲法15条1項が「公務員を選定し、及びこれを罷免することは、国民固有の権利」であると規定していますが、そこで想定されている「公務員」の典型は国会議員です。

杉田　だとすれば、公務員はすべて政府の言うとおりに従えという論理を貫くなら、野党議員も政府批判をしてはならない、という話にもなりかねませんね。学術会議は政府の言うなりになれ、という論理を徹底して行くと。

長谷部　そのとおりです。この15条1項の公務員の選定・罷免権は、国民の基本権の一つです。表現の自由などの他の基本権もそうですが、基本権条項は政府の権限を制約する役割を果たします。ところが、いま、政府が主張しているのは、法律の規定に反して自らの権限を拡張するために、15条1項という基本権条項を持ち出すというものです。こんなおかしな基本権の使いようは初めてみました。日本学術会議法という法律の規定に反してまで、内閣総理大臣が任命権を違法に行使することを基本権が正当化できるはずはありません。

杉田　その時々の政府が恣意的な裁量で、自分たちの意向に沿うような公務員を採用できるわけではない、あるいは今回のように、意向に反しそうな人を任命拒否できるわけではない、ということになりますね。

長谷部　そのとおりです。今回の任命拒否はだれが見ても明確な違法行為でしょう。任命拒否の理由を説明しようとしないのも、党派政治的背景があるからだと勘繰られても仕方がないのではないでしょうか。

杉田　先ほども確認したように、任命拒否をめぐる問題からは、日本では学問共同体のような自律的な存在、いわば国家でも市場でもない第三の領域である市民社会的な存在というものへの理解が社会の中に根付いていません。そのため、あらゆる組織は官僚組織か、さもなければ企業でなければならない、ということにされてしまう。税金が投入されるが自律的な領域があってもいい、ということがどうしても理解されません。

そのため、学術会議についても、一般の官僚機構と同じようになるか、さもなければ企業のように、税金をあてにせずに自分で稼げということになってしまう。しかも、これは学術会議の話で急に出てきたことではなくて、大学をめぐってこの間に展開してきたことの延長上にあります。20世紀末から、大学についての議論に、企業モデルがかなり入ってきました。自由に研究したければ国からお金をもらわないで、自分で稼げばいいという論理です。しかし、現実には大学を中心とした学問共同体を、市場原理だけで運営することは難しい。欧米でもごく一部のエリート大学は企業から莫大な資金を集めていますが、ほとんどの大学は税金で賄われています。

今回の学術会議任命拒否をきっかけにして、大学の自治がさらに侵食されるのではないかと恐れています。大学の学長人事、さらには教授の人事までもが、「国民の理解を得られない」ということで差し替えられるようなことになったら大変なことです。国立大学はもちろん、私立大学も私学助成を受けている以上、無縁ではありません。

長谷部　近代以降の学者の大部分は、基本がサラリーマンで研究のための設備を自分で用意できるわけではない。国の予算にも、企業のお金にも依存せずに研究はどうやって進めるか。わたしは専門が憲法学だから何とかなりますが、自然科学系や生命科学系の分野の多くでは、自前の資金では、とうてい無理でしょう。営利の論理、党派政治の論理によらない自律的な学問研究であってこそ中長期的には社会に大きく貢献できる、日本人だけでなく人類全体に利益をもたらす、という考え方を伝えなければならないのです。

杉田　今回の問題について、任命をめぐる官邸の説明拒否に対しては批判が多いものの、学術会議そのものに対する世論の視線は必ずしもあたたかいものばかりではありません。これは、学者の側のアピール不足ということももちろんありますが、人々が自分の生活に追われる中で、さらに現在のようにコロナ禍で厳しい生活を余儀なくされる中で、学問が、とりわけ人文社会科学のような分野の学問が、自分たちにとっても重要だという実感を持てなくなったことが大きいように思います。その意味で、事態は深刻であり、学問と社会との間にあるこうした溝を埋めて行くにはどうすべきか、根底から考えて行く必要がありそうです。

4 任命拒否の違法性・違憲性と日本学術会議の立場

髙山佳奈子

髙山佳奈子（たかやま・かなこ）
1968年東京都生まれ。東京大学法学部卒。成城大学法学部助教授、京都大学大学院法学研究科助教授を経て、京都大学大学院法学研究科教授。日本学術会議会員（24、25期）。専門は刑法の基礎理論、経済刑法、国際刑法。著書に、『故意と違法性の意識』（有斐閣）、『共謀罪の何が問題か』岩波ブックレット）などがある。

1　はじめに

２０２０年10月1日からの日本学術会議第25期会員候補者６名に対する内閣総理大臣による任命拒否は、日本学術会議法および日本国憲法の明文の規定に反する違法措置である。また、日本学術会議は10月３日に内閣総理大臣に対して書面により６名の任命と当初の任命拒否の理由の開示を要望しているが、２０２０年11月末現在、何の回答も出されておらず、この回答拒否自体も違法である。

筆者は２０１７年から２０２３年まで日本学術会議法学委員会幹事の立場にある会員として、この機会に標題の情報を提供したい。日本学術会議全体、幹事会、第一部（文系）、および法学委員会の見解は、いずれもウェブサイトに掲載しているものが公式である。ここで紹介するその他の情報は、筆者個人の見解である。

2　日本学術会議側の対応

(1) 総会

任命拒否が明らかになったのは25期開始直前である。筆者が25期会長選挙のために被選挙資格者名簿の送付を受けたのは９月29日19時過ぎであった。任命を拒否された松宮孝明教授はすでに東京への出張旅費の手続を終えておられたという。

10月1日の日本学術会議総会では、会員を210人と定める日本学術会議法7条1項（巻末資料）に違反する状態で会長選挙を行えるのか、との趣旨の問題提起があった。しかし、このまま第25期を開始しなければ、日本学術会議が消滅させられてしまう（具体的にはたとえば、政府の総合科学技術・イノベーション会議に全機能を吸収される）危険が想定された。そのため、違法状態であるがともかく会期を開始することが合意され、投票で梶田隆章新会長が選出された。

翌10月2日に梶田会長の下で開催された2日目の総会で、「第25期新規会員任命に関する要望書」（＊1）が議決された（巻末資料にもあり）。

（2）部会

続いて同日午後に開催された第一部（文系）部会では、6名が欠員となっている状態につき、日本学術会議法7条、17条、26条等（後述）を参照して任命拒否が明らかに違法であることを確認し、総会決議と基本的に同趣旨の次の決議を行った。内容は議事要旨としてウェブサイトに公表されている（＊2）。

第一回第一部会確認事項（決議）　令和2年10月2日　日本学術会議第一部

今般、日本学術会議が第25・26期会員候補として推薦した105名のうち6名について、内閣総理大臣による任命が行われませんでした。第一部（人文・社会科学）からは41名を推薦し、任命の行われなかった6名全員が第一部からの推薦者でした。

日本学術会議法が定めるところによれば、日本学術会議の会員は210名となっており、その任命は、日本学術会議が「優れた研究又は業績がある科学者のうちから会員の候補者を選考し、内閣府令で定めるところにより、内閣総理大臣に推薦」（第17条）し、この日本学術会議の「推薦に基づいて、内閣総理大臣が任命する」（第7条第2項）こととされています。そして、日本学術会議における選考は、日本学術会議会則の第4章に定められた手続に則り、慎重に行われているところです。

今回、日本学術会議が日本学術会議法及び日本学術会議会則の規定に基づき推薦した6名の会員候補者について任命が行われなかったことは、きわめて遺憾です。推薦に基づく任命が行われなかったことの理由が開示されていないことも大きな問題です。

日本学術会議第一部としては、

1．理由の開示を求めます。

＊1　http://www.scj.go.jp/ja/member/iinkai/kanji/pdf25/siryo301-youbou.pdf

＊2　http://www.scj.go.jp/ja/member/iinkai/1bu/pdf25/1bu-siryo2501.pdf

2．法の定めるところに従い、日本学術会議の推薦に基づいて上記6名の会員候補者を速やかに会員に任命されることを求めます。

より多くの内容を書き込むべきではないかとの意見もあったが、迅速な発信を第一に考えてこのようになった。

(3) 法学委員会

総会および第一部部会の決議を経て10月3日に開催された法学委員会は、任命拒否の対象者3名が欠員の状態であったが、日本学術会議法の適用について次のとおり確認した。これもウェブサイトに掲載されている(＊3)。条文は本書巻末の資料を参照されたい。

確認事項

日本学術会議法上、「日本学術会議は、わが国の科学者の内外に対する代表機関として、科学の向上発達を図り、行政、産業及び国民生活に科学を反映浸透させることを目的と」し(2条)、「独立して」「職務を行う」(3条)ものである。日本学術会議は、210人の会員をもって組織することが法定され(7条1項)、会員は、「優れた研究又は業績がある科学者のうちから」日本学術会議が「選考し」て行う候補者の「推薦に基づいて、内閣総理大臣が任命する」(7条2項、17条)。「内閣総理大臣は、会員に会員として不適当な行為があるときは、日本学術会議の申出に基づき、当該会員を退職させることができる」(26条)。

ここに示されるとおり、内閣総理大臣には、会員を210人未満に減ずる権限も、会員を選考する権限も、不祥事のあった会員を罷免する権限もない。日本学術会議は、独立性ある機関として、自律的に会員を監督するものである。

国の科学者を内外に対し代表する独立性のある機関は、各国に設けられており、日本学術会議はそれらの間の国際ネットワークにも参加している。こうした機関が世界で一般的に存在することは、独立した自律的な科学者集団が国にとっても重要であることを示している。

したがって、日本学術会議が推薦した候補者を内閣総理大臣が会員に任命しないことは、法律の趣旨のみならず法律の明文の規定にも適合しない事態であるから、速やかな説明だけではなく、即時の任命が必要である。

短い文書を迅速に公表することを優先したため、任命拒否の憲法違反性はこの文書においい

＊3 http://www.scj.go.jp/ja/member/iinkai/bunya/hogaku/25/pdf/hougaku-yoshi2501.pdf

ては扱っていない。

3　任命拒否の違法性

(1) 日本学術会議法違反

２(３) 文書で指摘したとおり、日本学術会議会員は２１０人と法定されており、会員候補者の選考権は日本学術会議にしかないのであるから、総理大臣がその任命を拒否できないことは、日本語の読める者であれば誰にでもわかる。さらに、総理大臣の罷免権を明文で否定する「ダメ押し」の規定まである。日本学術会議の法律上の地位は、委員を担当大臣が自己の判断で任命・罷免でき、その人数も法定されていない通常の審議会とは全く異なるのである。

立法趣旨からしてもこのことは当然である。大日本帝国憲法には学問の自由の保障がなく、最初のナショナル・アカデミーとして１９２０年に設立された学術研究会議は政治の統制下にあって科学者の戦争協力を止めることができなかった。１９４７年に施行された日本国憲法で初めて学問の自由が定められ、これを受けて１９４８年に制定されたのが日本学術会議法である。その前文（巻末資料）は、日本学術会議が「わが国の平和的復興、人類社会の福祉に貢献し、世界の学界と提携して学術の進歩に寄与することを使命とし」て設立されることを規定している。独立して職務を行うことも3条に掲げられた。

日本学術会議法の条文に真っ向から反する措置は、正当防衛や緊急避難のような違法性阻却事由がない限り正当化できない（親からまさに虐待を受けている児童を救出する、自然災害時に人命救助のため第三者の敷地に無断で侵入するなど）。つまり、任命拒否によって生じる法律違反を許容しなければならないほど、他の重大な害を回避する切迫した必要性がある場合でなければならない。そのような重大な害は存在しないことが明らかである。

筆者自身は、このような単なる違法行為について「説明を求める」のはナンセンスだと考えている。違法性阻却事由のないことは明白であり、理由のつくはずがないからだ。

(2) 憲法違反

日本国憲法73条4号は、内閣が「法律の定める基準に従ひ、官吏に関する事務を掌理すること」としている。非常勤の公務員である日本学術会議会員に関する事務の掌理は、日本学術会議法の定める基準に従って行わなければならないのである。したがって、日本学術会議法に違反する任命拒否は、憲法73条4号にも違反している。

内閣は憲法15条を任命拒否の根拠にしようとしているが、無理である。義務教育を受けた人ならば誰でも知っているとおり、13条の「幸福追求権」、14条の「法の下の平等」に続く憲法15条は、「参政権」を国民に保障した条文であって、内閣に権限を与えてはいない。

そもそも日本国憲法の構成は、第1章「天皇」、第2章「戦争の放棄」(9条のみ)、第3章「国民の権利及び義務」の後に、第4章「国会」、第5章「内閣」、第6章「司法」と三権が続く。第3章に含まれる15条は基本的人権の規定である。内閣の権限は、73条が含まれる第5章にしか定められていない。場所が違うのである。また、選挙で決まるのではない公務員について、15条1項が「公務員を選定し、及びこれを罷免することは、国民固有の権利である」とする意味は、それらの公務員の地位が、国会の民主的な手続を経て制定される「法律」に基づくということである。ここにも、日本学術会議法に違反する措置が執れないことが示されている。

また憲法23条は「学問の自由」を保障している。これは「思想・良心の自由」(19条)、「信教の自由」(20条)、「表現の自由」(21条)と並ぶ精神的自由である。憲法23条から直ちに、特定の形態のナショナル・アカデミーの設立が国に対して義務づけられるわけではないが、国は、研究の内容を理由に不利益な扱いをすることを禁じられる。このために日本学術会議法は日本学術会議の職務遂行の独立性を定めている。もし、日本学術会議に特定の方向性の研究をさせなくする目的で任命拒否が起きたのだとすれば、学問の自由に抵触することになる。候補者が信条や政治的関係を理由に任命を拒否されたのであれば、平等原則(14条)違反である。

4で紹介するように、諸外国にも、独立性ある機関としてナショナル・アカデミーが置かれている。

（3）行政手続法違反

むろん、内閣総理大臣は行政のあらゆる領域に責任を負うから、日本学術会議会長に対して行政指導を行う一般的な権限はある。1999年2月22日のロッキード事件最高裁大法廷判決（最高裁判所刑事判例集49巻2号1頁）は、内閣総理大臣に幅広い行政指導権限があり、それに基づく職務行為に関し収賄罪が成立しうることを認めた。現在では、行政手続法が制定され、「行政指導」が法律上の地位を獲得している。

だが、内閣総理大臣にできることはここまでである。日本学術会議法上、内閣総理大臣には、会員の選考や罷免、任命拒否は許されていない。国会が明らかにした立法趣旨を行政が覆すことはできない。また、行政指導としてであっても、日本学術会議法の内容に違反することはできない。行政手続法1条2項も、行政指導が法律に従わなければならないことを定めている。

4　日本学術会議からの情報発信

(1) 10月29日の記者会見

任命拒否事件の発生後、日本学術会議について、約20件ともいわれるデマが拡散され、一部は首相を含む与党の国会議員らによっても拡散された。日本の現行法では、独立の法人格を持たない集団に対する誹謗中傷は名誉毀損罪を構成しないが、外国にはこのような行為を犯罪として処罰するところもある。

日本学術会議幹事会は２０２０年10月29日に記者会見を開いた。記者会見要旨として公表された「日本学術会議の活動と運営について」は次のように述べる(*4)。「この間、学術会議の意義と活動内容が社会にあまり理解されていないことが明らかとなり、誤解に基づく誤った情報も流布されています。一部訂正もされているようですが、訂正前の誤った情報の拡散がＳＮＳ等を中心として続いており、学術会議の会員・連携会員、また学会等関係者の間にも困惑が広がっています」。この記者会見では、「会員選考プロセスについて」、「経費について」、「日本学術会議の主な活動について」、「国際連携の活動について」、それぞれ紹介が行われた。

記者会見での配付資料は、「日本学術会議に関する学協会・大学等の声明等一覧」、「第25期日本学術会議会員候補者の推薦プロセス」、「会員の性別、地域別、所属別の構成の変遷」、

「令和元年度及び令和2年度の学術会議の経費と対応する活動、令和2年度の予算書詳細」、「会員・連携会員の手当等予算額推移」、「日本学術会議加入国際学術団体一覧」、「国際会議への学術会議会員等の派遣実績一覧（過去10年間）」、「平成27年に内閣府特命担当大臣（科学技術政策）のもとに設けられた有識者会議が出した『日本学術会議の今後の展望について』報告書概要・一部抜粋」から成っている（＊5）。

それによると、第17期から第25期の間に、会員における女性比率は1・0％から37・7％、産業界出身者の比率割合は1・4％から3・4％に上昇した。また第20期から第25期の間に、関東圏の研究機関に所属する者の比率は63・3％から51・0％に低下し、東京大学所属者は50人から34人、京都大学所属者は24人から16人に減少している（第17期から第19期までは居住地による統計がとられていた）。このように、会員の多様性を高める努力が図られているが、任命拒否によって、会員中の、女性が減少し、憲法学など複数分野の研究者と慈恵医大所属者はゼロになった。

また、年間予算約10億円の半分は内閣府職員の人件費であり、もう半分が学術活動の費用であるが、その多くの部分が各国アカデミーの代表者が参加する国際会議への派遣旅費、2

＊4 http://www.scj.go.jp/ja/member/iinkai/kanji/pdf25/siryo302-kaikenyoshi.pdf
＊5 http://www.scj.go.jp/ja/member/iinkai/kanji/pdf25/siryo302-kaikenshiryo.pdf

000人の連携会員も使用する分科会への出張旅費に使われている。予算は限られているため、実際の研究活動は費用を持ち出して実施している。筆者個人は2017年10月に会員となった後、2018年12月に開催した「日本学術会議in京都」公開シンポジウム「伝統文化と科学・学術の新たな出会い（＊6）」、2019年10月に開催した日本学術会議法学委員会公開シンポジウム「著作権法上のダウンロード違法化に関する諸問題（＊7）」に、報告者の招へい旅費、会場費、学生アルバイト費、広報費等として各数十万円を他の研究費から支出した。

（2）その後の記者会見

日本学術会議幹事会は、デマのさらなる克服のために、当面月2回程度記者会見を開催することとし、11月12日、11月26日にこれを実施している。

11月12日には「日本学術会議の会員構成の考え方について」、「日本学術会議の役割：学協会との関係などについて」、「提言一覧（第22期以降）」、「日本学術会議のよりよい役割発揮に向けた検討について」を配付資料とし、若手アカデミーの設置や会員・連携会員の多様性の上昇、多数の政策提言の発出の事実を明らかにしている（＊8）。

11月26日の記者会見は、「日本学術会議の役割：提言等の発出と自己評価について」を配付資料とし、複数の参考資料を付して実施された。分野横断的な提言の例として、筆者が第

24期に副委員長としてとりまとめにかかわった日本学術会議科学者委員会「ゲノム編集技術に関する分科会」による「ゲノム編集技術のヒト胚等への臨床応用に対する法規制のあり方について（＊9）」を含む、ゲノム編集技術のヒト胚への応用に関する3件の提言が第23期から第24期にかけて発出されたことが紹介され、「こうした提言は、我が国の指針策定や法規制の議論に影響を与えるとともに、日本学術会議を含む各国アカデミーの代表者から成るヒトゲノム編集国際会議の報告書作成の議論にも反映されてい」るとされている。提言に掲載されている分科会名簿を見ればわかるとおり、メンバーとしては、医学、生物学、哲学、法学といった各分野から選ばれ、関連する政府の審議会でも委員を務め、国際会議に日本を代表して派遣されているような研究者が名を連ねる。実際、この分科会の水準の人員で総合的・俯瞰的な共同研究を実施することは、一般の学会レベルでは困難である。

さらにこの記者会見では、「日本学術会議に関するQ＆A」が紹介された（＊10）。その中に

＊6　http://www.scj.go.jp/ja/event/pdf2/269-s-1222.pdf
http://www.scj.go.jp/ja/event/pdf2/h-181222.pdf
＊7　http://www.scj.go.jp/ja/event/pdf2/282-s-1013.pdf
＊8　http://www.scj.go.jp/ja/member/iinkai/kanji/pdf25/siryo302-2-kaikenshiryo.pdf
＊9　http://www.scj.go.jp/ja/info/kohyo/kohyo-24-t287-1-abstract.html
http://www.scj.go.jp/ja/info/kohyo/pdf/kohyo-24-t287-1.pdf
＊10　http://www.scj.go.jp/ja/member/iinkai/kanji/pdf25/siryo304-QandA.pdf

は、「会員・連携会員の選考に関すること」、「会員・連携会員の処遇等に関すること」、「日本学術会議の位置づけに関すること」、「日本学術会議の活動に関すること」への質問と回答が含まれている。たとえば「問2‐3」は次のようになっている。

会員と連携会員には、本務の職とは別に給与や年金が追加で支払われるのですか？

（答）

会員は非常勤の特別職国家公務員、連携会員は非常勤の一般職国家公務員としての身分を有しますが、それに伴う固定給は支払われませんし、年金の支払いもありません。会員・連携会員の主な仕事は委員会や分科会に参加し審議を行うということですので、会議に出席した場合には会員には会員手当、連携会員には委員手当として、どちらも同額の日額19600円が支給され、旅費も実費相当額が支払われます。なお、会員手当及び委員手当は、委員会に出席した日に日当として支払われるものですので、1日に複数回の会議に出席しても同額です。また、会議以外に学術会議の業務を行っても手当等の支払いは一切ありません。会員・連携会員は会議出席以外に、会議のための資料準備や提言案その他の文書の作成、シンポジウムの企画・立案など様々な業務に日常的に多くの時間を費やしていますが、これらはボランタリーな精神で担われています。

筆者個人としては、会員になって以降、先に述べた研究費の持ち出しがあるほか、実質、最低賃金未満で作業に従事している感がある。

5　法治国家性への疑問

このように、日本学術会議側はデマへの対応を迫られているところに、さらに改革案を策定せよと内閣から求められている。

しかし、任命拒否問題が解決されない限りは、そもそもの日本学術会議の法的地位や性格が歪められたままであって、そのような状態での改革案は、土台のないものといわなければならない。改革案を論じること自体は一般的には可能だが、法的基礎を破壊したままの改革はできない。

改革案を論じることによって、任命拒否の違法性および要望に対する回答拒否の違法性に変化が生じるわけではない。繰り返すが、それは、法律の日本語が読める人、義務教育で社会科を習った人の誰にでもわかることである。

任命拒否に対しては非常に多くの学術団体・その他の団体からの抗議声明や任命を求める声明、14万筆のインターネット署名などが出されている。それだけでなく、世界的な科学雑誌サイエンスは、２０２０年10月5日に「Japan’s new prime minister picks fight with

Science Council」との記事で任命拒否問題を報じ（＊11）、さらに、ネイチャー誌は５８６号１６９頁以下の編集後記「Why Nature needs to cover politics now more than ever」（＊12）において、菅総理大臣が政府の政策に批判的であった6名について日本学術会議会員への任命を拒否したことを「危機にさらされる学問の自由」（Scholarly autonomy under threat）の見出しの下に報じた。フランスのルモンド紙に至っては、「日本の菅首相、学術界と対立」と報じているのだが（＊13）、原語のLe premier ministre japonais, Yoshihide Suga, en guerre avec le monde intellectuelは「日本の菅首相、全知識人と戦争」のように読め、反知性主義が揶揄されていると思われる。

また、国際学術会議（International Science Council）からも、任命拒否問題に対する懸念が会長書簡により表明されている。任命拒否事件は国際社会の恥であり、日本の国際競争力も国際的信用も損なっている（＊14）。

＊11　https://www.sciencemag.org/news/2020/10/japan-s-new-prime-minister-picks-fight-science-council

＊12　https://www.nature.com/articles/d41586-020-02797-1

＊13　https://www.lemonde.fr/international/article/2020/10/06/le-premier-ministre-japonais-yoshihide-suga-en-guerre-avec-le-monde-intellectuel_6054962_3210.html

＊14　https://council.science/current/news/statement-on-scientific-freedom-in-japan/

5 学問の自律と憲法

木村草太

木村草太（きむら・そうた）

1980年神奈川県生まれ。東京大学法学部卒業、同助手を経て、現在、東京都立大学大学院法学政治学研究科法学政治学専攻・法学部教授。専攻は憲法学。日本学術会議第24期より若手アカデミー会員。著書に『憲法の急所——権利論を組み立てる』（羽鳥書店）、『憲法の創造力』（NHK出版）、『テレビが伝えない憲法の話』（PHP新書）、『憲法という希望』（講談社現代新書）、『集団的自衛権はなぜ違憲なのか』『自衛隊と憲法 これからの改憲論議のために』（共に晶文社）、『木村草太の憲法の新手』『木村草太の憲法の新手2』（共に沖縄タイムス社）などがある。

はじめに

本稿は、日本学術会議（以下、学術会議）が編集協力する雑誌『学術の動向』２０２０年11号（公益財団法人日本学術協力財団発行）に寄稿した原稿に、執筆以降の動向を踏まえ、加筆・修正をしたものである。

同誌の「学術と社会の未来を考える」は、学術会議の若手アカデミー（＊1）のメンバーが、自分の研究と専攻分野を紹介しながら、社会の課題と自分の学問の接続について論じる連載である。筆者は24期メンバーとしてこの連載への寄稿依頼を受けた際、企画趣旨に応えるには、自らの学問の観点から現に起きている社会問題をどう議論できるのかを示すのが有益だと考え、学術会議会員任命拒否問題を憲法学の観点から検討した。

この問題は、様々な観点から議論されるべきだが、憲法論・法律論も重要である。以下の検討が、問題解決の参考になれば幸いである。

＊1　学術会議は、会員を研究の業績で選ぶため、若手の会員は少なくならざるを得ない。このため、若手研究者の発想を社会の諸課題の解決に活かし、将来の学術界を担う若手研究者を育成するため、23期より常設の組織として若手アカデミーが設置された。

1　2020年学術会議任命拒否事件

(1) 事件の概要

今回の事件の概要は、次の通りである。

学術会議は、2020年9月末に、会員の半数が任期満了となり、改選されることとなった。日本学術会議法（以下、日学法）7条2項によれば、会議の会員は、学術会議の「推薦に基づいて」、首相が任命する。学術会議は8月31日、首相に会員候補推薦書を送付した。しかし、菅義偉首相は、推薦名簿に載せられた105人のうち6名の任命を拒否した。

10月に入り、このことが大きく報道され、理由説明を求める声が上がった。学術会議自身も10月3日、菅首相に対する任命拒否理由の説明と6名の任命を求める要望書を幹事会で決定し、内閣府に送付した。

加藤官房長官は10月1日の記者会見で、「専門領域での業績にとらわれない広い視野に立って、総合的、俯瞰的に科学の向上と発展を図り、行政や産業、国民生活に科学を反映、浸透させることを実行していただく」ことを基準に、任命に関する判断を行ったと述べた。他方、6名の任命拒否については、「具体的なコメントはしていない」とした。また、加藤官房長官は10月7日の記者会見で、「憲法15条で明らかにされている、公務員の選定罷免権は国民固有の権利であるという考え方からすれば、任命権者たる首相が推薦通りに任命しなければならないというわけではない」、また、「学術会議の会員等が個人として有している学問の自由への侵害にはならない」と述べた。

菅首相は10月5日の会見で、任命を拒否した6名が、安倍政権の重要法案に対し批判的立場を採っていたことは「一切関係ない」と述べる一方、拒否理由については、「個別の人事に関することはコメントを控える」と明言を避けた。また、10月9日の会見では、105人の名前のある学術会議からの推薦リストは「見てない」とし、首相に出された決裁文書には99人の名前しかなかったと説明している。

このような状況の下の10月16日、菅首相と学術会議の梶田隆章会長の会談が行われた。梶田会長は、10月3日に内閣府に出された追加任命を求める要望書を直接手渡し、学術会議として6名の推薦を変更しない姿勢を示した。

10月26日に臨時国会が召集され、衆参両院の本会議・予算委員会で、この問題に関する審議も行われた。11月5日の参議院予算委員会では、二之湯智参院議員（自民党）の質問に対し、「推薦前の調整」が働かなかったことが任命拒否の理由と述べた。また、11月8日には、共同通信が、「複数の政府関係者」の話として、「会員候補6人が安全保障政策などを巡る政府方針への反対運動を先導する事態を懸念し、任命を見送る判断をしていた」と報道した。

（2）事件の影響

この事件の何が問題なのか。まず、6人も欠員が出れば、学術会議の任務に支障が出るのは言うまでもない。

さらに、今回の事件は、学術会議を超えて、日本の政治や学問に深刻な影響をもたらす可能性がある。本件を放置すれば、「政治（首相）が、公金の支出を理由に、科学者（学術会議）による科学者（会員候補者）の研究・業績の評価に基づく判断（推薦）を、具体的な理由の説明もなしに覆した（任命を拒否）前例」を作ることになる。

この前例は、「首相には無限定の人事権がある」あるいは「その科学者は公金を使っている」という理由で、国立大学の人事や公的な研究助成金の配分、果ては研究内容に存分に政治が介入できる道を開く。国立大学だけでなく、他の国立研究機関、国公立の学校あるいは様々な補助金を受ける私立の大学・研究機関・学校も、「公金を使っている」という理由で介入されるだろう。また、仮に、「公金を使っている」というだけで一律に政治介入が正当化されるのであれば、学問の世界を超え、裁判官・検察官・公正取引委員会など、政治からの独立性を要求される公務員の人事、あるいは、芸術・文化・スポーツなどの補助金行政の配分などにも影響する可能性がある。そうなれば、国家は、科学的に正しい判断ができなくなる可能性があるし、国民は、政治に歪められた教育や文化しか得られなくなる。

当然のことながら、本件については、学問の自由や表現の自由の観点から、強い批判や懸念が示されている。学術会議自身も、推薦名簿通り、首相に対し6名を任命するよう要求し続けている。また、様々な学会や大学、その関係者らが、任命を求める声明を発表している。

それでは、今回のような事態に対し、法的な歯止めはないのか。憲法論・法律論の両面から、検討してみたい。

2 学問の自律と差別されない権利

(1) 学問の自由と自律（憲法23条）

まず、問題となるのが、憲法上の学問の自由である。日本国憲法23条は「学問の自由は、これを保障する。」と定める。「学問の自由」と言うと、個人が、国家と無関係に、自分の財産を使って研究する自由をイメージする人も多いだろう。しかし、日本の憲法では、国家からの干渉を受けずに、自由に考え、研究し、発表する自由は、「思想・良心の自由（憲法19条）」と「表現の自由（憲法21条）」によって保護されている。国家と無関係に学問する自由を保障するだけなら、あえて23条を置く理由はない。憲法23条は、そうした個人的な自由を超えた何かを保障した規定と理解するのが妥当である。

この点、長谷部恭男教授は、憲法23条による学問の自由の保障は、「学問の自律性、つまり当該学問分野で受け入れられた手続および方法に基づく真理の探究の自律性を確保すること、とくに、政治の世界からの学問への介入・干渉を防ぐことを、その目的とする」と解説している(＊2)。ここに言う学問の自律とは、学問固有の評価基準や法則の自律性を言う。例えば、自然科学では、厳密に統制された実験の結果と整合する理論は高く評価され、そうでないものは排斥される。歴史学では、どんなに面白いストーリーでも、史料に基づいていなければ、単なる憶測にしかならない。こうした学問領域ごとの評価基準や法則を政治権力や社会的圧力から保護するのが、憲法23条の趣旨である。

そうすると、この憲法23条は、公私を問わず学術職や学術機関が、学問に基づき自律的に研究や意思決定を行う場合に、国家が政治的に圧力をかけたり、介入したりするのを禁止したものと理解するのが妥当である(＊3)。

例えば、国立の研究機関が、学問業績を評価して研究者の人事を行うときに、内閣や大臣が、当人の政治信条を理由に圧力をかけたり、人事を拒否したりすることは、学問の自律を侵害する。また、学問的に正確な実験を行うことを職務とする公務員に対し、大臣や非研究職の官僚が、政治的考慮から実験データを捏造するように圧力をかけるのも、学問の自律の侵害となるだろう。公的な学術機関やその構成員でも、学問の自律は保障されるべきなのだから、私的な研究所や学会、その構成員の自律も、当然、憲法23条により保護される。

このような理解は、日本国憲法のオーソドックスな解釈を示した法学協会の逐条解説(＊4)とも整合する。同書は、憲法23条の学問の自由からは、学問・非学問の判定は「行政権や立法権が妄りになすべきものではなく、学問の自律に、具体的には学問の府の自主的な判断に委ねられ」ること、「官公立の研究機関の教師・研究者」といった学術職は「上級官庁の指揮監督を受けず、裁判官に類似する職権の独立が認められる」こと、文化行政も「研究機関（とくに高等な研究機関）の自主性を尊重し、後見的な役割に甘んずべきである」こと、などが導かれると説明している（＊5）。

では、学術会議の会員の人選には、憲法23条の保護は及ぶのか。

まず、法律上、会員は、「優れた研究又は業績がある科学者」の中から選ばなくてはならない（日学法17条）。また、学術会議は、大学のような研究機関ではないが、学問的見地から勧告や提言、諮問への回答を行う機関である（日学法3～5条）。そうすると、会員の選定

＊2　長谷部恭男『憲法（第七版）』（新世社、2018年）237頁。

＊3　なお、憲法23条は、学問の自由に加え、大学の自治も保障していると理解されている。このことは、最高裁判例（最高裁判所大法廷判決昭和38年5月22日刑集17巻4号370頁）でも確認されている。

＊4　法学協会とは、東京大学法学部所属教員により構成される法学研究・討論のための団体であり、法学専門誌『法学協会雑誌』を刊行している。戦後直後、法学協会は、新憲法の徹底的な研究を行い、その成果として、逐条解説書『註解日本国憲法』が刊行された。ここで示された研究と解釈は、新憲法の解釈の基盤となり、その後の判例・学説で頻繁に参照されるようになった。http://www.j.u-tokyo.ac.jp/research/pubalication/hogaku/ 参照。

＊5　法学協会『註解日本国憲法・上巻』（有斐閣、1953年）461頁。引用にあたり、旧字体を改めた。

基準は、「学問に基づき適切に活動を行うことができるかどうか」でなくてはならない。研究・業績の評価や、学問に基づく活動の能力の評価は、それ自体、学問の法則や評価基準に則って行うものであり、学問の自律を認めるべきである。そうすると、憲法23条の学問の自律の保障は、学術会議の人選にも及ぶと解釈するのが自然だろう。

実際、学術会議は、沿革的には、国立大学に比べても、人選の自治（＊6）が手厚く保障されてきた組織であった。制定当初の日学法（昭和23（1948）年法律121号）7条は、「日本学術会議は、選挙された二百十人の日本学術会議会員（以下、会員という。）をもつて、これを組織する」と定めており、首相や文部大臣の任命を想定していなかった。通常の行政組織であれば、後述するように、内閣や大臣の任命なしに国家公務員の身分を与えることは憲法15条との関係で問題がある。しかし、憲法23条の学問の自律の保障により、たとえ公務員であっても、学術職については例外扱いが根拠づけられていたと解釈できる。

また、昭和58（1983）年に、選挙制が推薦制に改正された。この法改正について、中曽根康弘首相（当時）は、「政府が行うのは形式的任命にすぎません」とし、「実態は各学会なり学術集団が推薦権を握っている」と説明した。中曽根首相は、このような制度の趣旨を「学問の自由独立というもの」を保障するためのものだと説明している。政府も、学術会議の人選の自律に憲法23条の保護が及ぶと解釈していたと言ってよいだろう。

そうすると、学術会議による推薦者の選定を公にできない理由で覆した首相の行為は、学問の自律を侵害する行為だと評価できる。多くの大学関係者・学会らが、「学問の自由の侵害」を訴えることには理由がある（*7）し、憲法23条に違反する疑いも十分にある。

（2）差別されない権利（憲法14条1項）

また、今回の事件は、憲法14条1項（「すべて国民は、法の下に平等であって、人種、信条、性別、社会的身分又は門地により、政治的、経済的又は社会的関係において、差別されない。」）が保障する「差別されない権利」とも無関係ではない。政府が拒否理由を説明しない中、安保法制や共謀罪

*6　これに対し、法人化前の国立大学については、制定当初の教育公務員特例法（昭和24（1949）年法律1号）10条で、「大学の学長、教員及び部局長の任用、免職、復職、退職及び懲戒処分は、大学管理機関の申出に基づいて、任命権者が行う」と規定しており、国家公務員法55条が「任命権は、法律に別段の定めのある場合を除いては、内閣、各大臣（内閣総理大臣及び各省大臣をいう。以下同じ。）、会計検査院長及び人事院総裁並びに宮内庁長官及び各外局の長に属する」と規定されていることから、その学長は、形式的とは言え、文部大臣によって任命されていた。

*7　この点、「学問の自由の侵害」という構成には、「学術会議の会員にならなくても、大学や自宅の書斎で研究するのは自由だから、任命拒否は学問の自由の侵害ではない」と述べる人もいる。菅首相も、そのように述べている。「学問の自由」という言葉で、個人的な勉強や、それに基づく表現の自由を指しているなら、そのような指摘も正しい。しかし、憲法23条の学問の自由は、学術職や学術機関の自律を意味する概念であり、「個人で学問するのは自由」という理由では、今回の任命拒否の憲法23条適合性を説明できない。

など、安倍政権の政策を批判したのが理由ではないか、と多くの人は推測している。11月8日には、共同通信が、「複数の政府関係者」の話として、「会員候補6人が安全保障政策などを巡る政府方針への反対運動を先導する事態を懸念し、任命を見送る判断をしていた」ことが分かったとして、「安全保障関連法や特定秘密保護法に対する過去の言動を問題視した可能性がある」とする記事を配信した(*8)。仮にそれが真実ならば、任命拒否は信条による差別的取扱いであり、差別されない権利を保障した憲法14条1項に違反するだろう。

さらに、今回の事件は、学術会議や科学者、あるいは拒否の対象になった人文・社会系の研究者らに対する攻撃を引き起こしている。報道やSNSで、「学術会議は10億円の税金を食い物にして好き勝手している」とか「理系以外の研究は、経済や社会に役立っていない」といった言動を見た人も多いだろう。

こうした言説がなぜ生じるのか。その原因は、政府が任命拒否の理由を説明しないことにある。政府の行為を擁護したいと考える人でも、政府が何も説明しないのでは、それをそのまま擁護しようがない。結果的に、学術会議や科学者を攻撃するしかない状況に追い込まれているのであろう。こうした状況は、政府による差別の助長であり、これを放置すれば、科学者等の「差別されない権利」の侵害となるのではないか。

3　公務員の任免権と日本学術会議法

今回の事件は、憲法スケールの話でなく、「法律」レベルにおいても違法の可能性が高い。次に、この点を検討しておこう。

(1) 憲法15条1項と憲法73条4号

まず、政府は、「公務員を選定し、及びこれを罷免することは、国民固有の権利である。」と定める憲法15条1項を根拠に、国民の代表により選ばれた首相には、特別職国家公務員たる学術会議会員の任命権があり、それは理由の説明なしに行使できるとしている。

同項は、国民主権原理の下では、全ての公務員が主権者国民によって選ばれなくてはならないことを定めたものである。もっとも、憲法は、あらゆる公務員を国民が直接選挙するとは求めていない。それぞれの公務員の性質に応じ、例えば、国会議員は国民による直接選挙(憲法43条)、首相は国会の指名(憲法67条)、大臣は首相による任免(憲法68条)と、具体的な任免の方法が定められている。ここで重要なのは、国会議員以外の公務員の任命権者をたどると、国民に行き着くようにできている点である。例えば、国務大臣は、首相に選ばれ、そ

＊8　https://this.kiji.is/697913867179312225

の首相は国会に、国会議員は国民によって選ばれているから、間接的に国民に選ばれていると言える。各省庁の官僚たちも大臣たちに任命されるので、任命権者をたどってゆくと国民に行き着く。

学術会議の会員も国家公務員である。このため、首相の任命権の根拠を憲法15条に求めること自体は、特に誤っているわけではない。しかし、憲法は、内閣の業務を定める73条4号で、「法律の定める基準に従ひ、官吏に関する事務を掌理すること」と定めている（＊9）。国家公務員は、内閣や首相が好き勝手に選んでよいものではなく、国民の代表たる国会が定めた法律の示す基準に従って選任しなければならない。

そうすると、任命拒否が適法かどうかは、憲法15条1項を持ち出せば説明できるような性質のものではない。憲法15条を持ち出したところで、任命の基準を定めた根拠法に基づかない任命拒否が違法であるのは当然である。

そもそも、政府の言うように、同項を根拠に、首相が自由裁量で公務員を任命できるなどと解釈したら、公務員試験に合格していない者を縁故採用することすらできてしまう。あり得ない解釈だろう。また、憲法15条は、あくまで「国民」の公務員選定罷免権を定める規定である。この規定は、首相が、究極的な任命権を持つ国民に、個別の人事の理由や根拠を丁寧に説明しなければならないという帰結を導く可能性もある。これは、首相の説明拒否の方針とは整合しないだろう。

(2)「210人」の定員と「半数」任命義務

以上のように、任命拒否の適法性は、憲法15条を持ち出すだけで論証できるようなものではなく、その根拠法に照らし検討しなければならない。この点、学術会議の会員任命の根拠法は、日学法である。では、この法律から、今回の任命拒否を正当化できるか。

まず、欠員という点に着目すると、今回の任命拒否は、単純な算術と法文の一義的文意のみから違法と言い得る。

日学法7条1項は、「日本学術会議は、二百十人の日本学術会議会員」「をもつて、これを組織する」と定める。6人の欠員が、この規定に違反した状態であることは確実である。また、同3項は、「会員の任期は、六年とし、三年ごとに、その半数を任命する」とする。この規定からは、任命権者の首相が、改選期に、会員の「半数」、すなわち105人を「任命する」義務が導かれる。しかし、今回任命したのは99人にすぎない。「半数」に満たない人数を任命し、その結果として、「二百十人」に満たない人員で学術会議を組織することが、これらの条文に違反するのは当然だろう。

では、欠員という違法状態は、どのように解消できるのか。この点を検討すると、日学法

＊9　明治憲法10条では、官吏任免は天皇大権とされ、政府が法律の根拠なく行うことができた。これに対し、憲法73条4号は、政府に行政公務員の任免を完全に委ねるのを否定した。この点は、芹沢斉他編『新基本法コンメンタール憲法』（別冊法学セミナー210号、日本評論社、2011年）389頁（高田篤執筆）など参照。

が、首相による任命拒否を想定しない構造であることも明確になる。

法律が、首相による任命拒否を想定しているなら、首相の判断で任命拒否により生じる欠員の解消方法を規定したはずである。しかし、日学法7条2項によれば、首相は、学術会議からの推薦のない者を任命することはできない。さらに、同17条は、推薦は、首相らの介入を受けることなく、「日本学術会議」が行うものと定める。このため、首相は、学術会議の意向を無視して、欠員を解消することはできない。

このように、日学法の構造は、首相が学術会議の推薦を拒否することを想定していない。従来、政府は、首相の任命権は形式的なもので、推薦を拒否することは想定されないという趣旨の答弁をしてきた。これは、日学法の構造からの素直な解釈と言える。菅首相も、11月2日に、川内博史議員の首相には欠員を補充する責任があり、そのためには、学術会議の推薦を受け入れざるを得ないはずだという指摘に、「理論的には川内委員の言われる通り」と答えている(*10)。

(3) 任命拒否の可否

また、仮に、首相が学術会議からの推薦を拒否し得る場合があると解したとしても、日学法の規定からすれば、それが適法なのは極めて限定されるはずである。

先述したように、日学法17条は、「日本学術会議は、規則で定めるところにより、優れた研究又は業績がある科学者のうちから会員の候補者を選考し、内閣府令で定めるところにより、内閣総理大臣に推薦する」と定め、同法7条2項は、「会員は、第十七条の規定による推薦に基づいて、内閣総理大臣が任命する」と定める。

重要なのは、学術会議会員の選抜基準が「優れた研究又は業績」の有無とされていることである。科学者の研究や業績を評価するには、その分野の専門的知見が必要である。当然のことながら、首相は学術の専門家として選ばれたわけではなく、研究・業績を評価する能力はない。だからこそ、日学法は、科学の専門家の集まる学術会議自身に、選抜を委ねたのである。

そうすると、たとえ首相が任命拒否できる場合があるとしても、それは、政権与党の圧力で推薦が歪められたことが明らかになった場合、あるいは、候補者が犯罪や研究不正を行う

*10 ただし、11月6日には、菅首相は、欠員は「違法ではない」との認識を示した。その根拠は、過去にも欠員が生じていたというものだ。しかし、当然のことながら、過去に違法状態を解消できない事例があったことは、それを適法とする理由にはならない。

この不可解な答弁の趣旨は、議員定数訴訟のことを想起すれば理解できる。定数訴訟では、憲法に反する定数不均衡が生じた場合、即座に違憲とは評価されず、合理的期間内に是正しない場合に、違憲の評価を受ける。是正のための合理的期間内の不均衡は「違憲状態」と呼ばれ、「違憲」とは区別される。菅首相の答弁も、欠員の解消には合理的期間が必要であり、その期間内であれば「違法状態だが、違法ではない」という趣旨のものと理解すべきである。

など、そのまま任命すれば会議の構成員としての信頼を確保できない特別な事情があることが判明した場合など、学術会議の推薦自体が、違法と言い得る例外的な場合に限られよう。ただし、そうした例外的な場合なら、拒否理由の説明は容易なはずである。日学法から、「首相は理由説明もなしに任命拒否できる」との解釈を導くことは困難だろう。

おわりに

以上が、学術会議任命拒否事件に関する憲法・法律の観点からの考察となる。

権力者が、人々に大きな影響を与える学問に介入したがるのは当然だ。学問の自律を実現していくには、理系・文系、シニア・若手を問わず、科学者同士の親密な相互協力と建設的な相互批判が必要となる。そのためには、各大学や学会はもちろん、学術会議やそこに設置された若手アカデミーの活発な活動が必要となるだろう。

＊初出『学術の動向』２０２０年11号（公益財団法人日本学術協力財団発行）

6

日本学術会議とジェンダー平等

後藤弘子

後藤弘子（ごとう・ひろこ）

１９８７年慶應義塾大学大学院法学研究科博士課程単位取得退学。立教大学法学部助手、東京富士大学経営学部助教授などを経て、２００４年４月から千葉大学大学院専門法務研究科教授。２０１７年から組織変更のために、千葉大学大学院社会科学研究院教授、２０１８年４月から２０２０年３月まで千葉大学大学院専門法務研究科長。専門は刑事法。法科大学院では、ジェンダーと法、少年法を教える。日本被害者学会理事、ジェンダー法学会理事長。２０１１年１月まで、内閣府男女共同参画局女性に対する暴力に関する専門調査会委員。日本学術会議第22期、23期会員、24期連携会員。共著として、『ストーキングの現状と対策』（成文堂、２０１９）、『治療的司法の実践』（第一法規、２０１８）、『性暴力と刑事法』（信山社、２０１４）など。論文として、「性犯罪既定の改正が意味するもの」『現代思想』２０１８年７月号など。

1　はじめに

２０２０年９月29日に、10月１日から始まる第25期の会員の６人が任命拒否されたという情報が入ってから２か月。この間、日本学術会議をめぐって様々な言説がメディアやＳＮＳ上にあふれた。

最初の情報では、６人の中に女性がいなかったことから、任命拒否においても女性は差別されていると思ったが、のちになって、加藤陽子東京大学教授が任命拒否された６人の中に入っていたことがわかった。皮肉なことではあるが、日本学術会議がこれまで推進してきたジェンダー平等の取り組みが任命拒否にも表れていると知り、不謹慎ながらも安堵した。

今回の任命拒否は、憲法のレベルでも法律のレベルでも違憲・違法である（＊1）。憲法に関しては、憲法23条の学問の自由だけではなく、法律違反の任命拒否が行われたことで、内閣の職務権限を定めた憲法73条４号である「法律に定める基準に従ひ、官吏に関する事務を掌理すること」にも違反する。

＊1　違憲・違法については、本書の木村草太東京都立大学教授による解説が明快である。動画として、https://www.youtube.com/watch?v=0pSk7bKYiqM
なお、日本臨床法学教育学会は理事会による抗議声明で違法の点について適切に指摘している。同学会のＨＰ参照。https://www.jclea.jp/

日本学術会議法7条は、「日本学術会議は、二百十人の日本学術会議会員（以下「会員」という。）をもつて、これを組織する」としており、現在は6人を欠いた状況であることから、違法な状態となっている。また、同条3項で、「会員の任期は、六年とし、三年ごとに、その半数を任命する」としており、その半数である105人を任命する義務が内閣総理大臣には法律上生じる。また、同法26条は、「内閣総理大臣は、会員に会員として不適当な行為があるときは、日本学術会議の申出に基づき、当該会員を退職させることができる」と規定しており、内閣総理大臣は日本学術会議が申出をしない限り罷免する権限がない。これが「法律の定める基準」（憲法73条4号）でそれに違反している今回の行為は、違法であり、違憲であることは明白である。

そのため、内閣総理大臣が自らの違憲・違法な行為を真摯に受け止め、対応することで今回の問題は解決し、これ以上何も論じることはないのかもしれない。

ただ、今回の問題に関して、菅内閣総理大臣は、内閣記者会とのインタビューで「総合的、俯瞰的活動を確保する観点から判断した」と答えており、その後、この言葉は繰り返されることになる（＊2）。この言葉は、2003年の総合科学技術会議「日本学術会議の在り方について」からの引用だとされているが（＊3）、周知のとおり、このあと、日本学術会議は同報告書に沿う形で部の構成や会員選出方法も変えている。今回の変遷する内閣総理大臣の答弁において、初期のころは、女性比率が少ないことも多様性がないことに含まれていたが、女性比率の高さが指摘されてからは（第25期では37・7%（＊4））、大学が偏っていることや「既得権益」であることにその発言がシフトしていった。「既得権益」については、会員だった上野千鶴子の「お金ではなく〝使命感〟で仕事をしている」という発言を上げれば十分だろう（＊5）。

それでもなお、今回日本学術会議やその営みをジェンダー平等との関係で論じようと思ったのは、１９８１年まで女性が一人もいないきわめて男性中心的で、家父長的な場でありながら、その後の努力、特にコ・オプテーションという制度を導入することで、４割近い女性割合を達成しただけではなく、数多くの学術におけるジェンダー平等やＬＧＢＴＱＩに関する提言を作成したり、関連シンポジウムを実施することのできる組織へ変容した事実を共有したいと考えたからだ。

日本学術会議という組織の強みは、多様性にある。同じ人文社会科学でもそれぞれのディ

＊2　東京新聞ＷＥＢ２０２０年10月5日（https://www.tokyo-np.co.jp/article/59883）、毎日新聞２０２０年10月17日付朝刊など。

＊3　奥野総一郎衆議院議員提出の「日本学術会議会員の任命に関する質問主意書」（２０２０・11・12）による。

＊4　２０２０年11月12日日本学術会議第25期幹事会記者会見資料（２０２０年11月12日）１頁。なお、今回任命拒否された6人を含めると、女性は２１０人中78人となり、37・1%となる。
http://www.scj.go.jp/ja/member/iinkai/kanji/pdf25/siryo302-2-kaikenshiryo.pdf

＊5　https://jisin.jp/domestic/1905652/3/

シプリンは異なる。その異なるディシプリンを尊重しながら、問題の解決のために議論を積み重ね、提言という形にまとめていく。「多様性がない」という理由でなされた今回の任命拒否は、日本学術会議がこれまで行ってきた、その学術の営みを、互いの知のディシプリンを尊重し、多様性の中から生まれてくる新たな知の創造という営みを否定するもので、それはとりもなおさず、日本国憲法の保障する学問の自由を侵害するものである。

本稿では、学術や社会におけるジェンダー平等を実現するために日本学術会議が行ってきた営みを振り返ることで、今回の任命拒否の不当性を明らかにしたい。

2 日本学術会議と女性会員

日本学術会議は、第2次世界大戦後、文化国家の再建と世界平和への貢献のために、「わが國從來の学術体制に再検討を加え、全國科学者の緊密な連絡協力によつて、科学の振興発達をはかり、行政、産業及び國民生活に科学を反映浸透させる新組織を確立することが、科学振興の基本的な前提となる」との理解の下、設立された（＊6）。

日本学術会議の根拠法となる日本学術会議法が成立したのは、第2回国会（1947年）であり、当時の衆議院議員の女性比率は3・2％（466人中15人）、参議院は4・0％（250人中10人）であった（＊7）。周知のように、女性に参政権が認められてから初めての選挙である第22回衆議院選挙（1946年）では、8・4％（466人中39人）が当選していたが、わずか一年足らずで、約3分の1に減少した。

日本学術会議法前文は、「日本学術会議は、科学が文化国家の基礎であるという確信に立つて、科学者の総意の下に、わが国の平和的復興、人類社会の福祉に貢献し、世界の学界と提携して学術の進歩に寄与することを使命とし、ここに設立される」とし、第二条で、「日本学術会議は、わが国の科学者の内外に対する代表機関として、科学の向上発達を図り、行政、産業及び国民生活に科学を反映浸透させることを目的とする」としているが、ここでいう「科学者」には女性は想定されていない。

日本学術会議の初の女性会員として初めて選ばれたのが猿橋勝子で、第12期（1981年）に当時の任命方法である「部、専門、地方別登録有権者による直接」選挙（＊8）で選ばれた（＊9）。つまり、日本学術会議が活動を開始した1949年（第1期）から32年間、女性は日

＊6　第2回国会衆議院文教委員会第12号（1948年6月19日）森戸国務大臣の法案の趣旨説明による。

＊7　https://www.gender.go.jp/research/kenkyu/sankakujokyo/2019/pdf/1-1-a-1.pdf

＊8　日本学術会議の会員選考については、「日本学術会議の設立と組織の変遷——地下書庫アーカイブズの世界」（2019）http://www.scj.go.jp/ja/scj/print/pdf/p70kinen.pdf がわかりやすい。

＊9　http://www.saruhashi.net/newhp/setsuritsu.pdf。猿橋勝子については、『猿橋勝子——女性として科学者として』（日本図書センター、1999）、米沢富美子『猿橋勝子という生き方』（岩波書店、2007）参照。

本学術会議にはいなかったことになる。1981年当時は、まだ雇用機会均等法も成立しておらず（1985年成立）、女性の職業選択の幅は狭く、男女別採用が当たり前で、大手企業は「女子は文学部のみ」という求人票を当たり前のように大学に掲示していた時代だった。

彼女が日本学術会議の会員になった後も、第18期（2000年）までは一桁（それも第18期を除いては多くて210人中4人）で、第19期（2003年）に初めて13人と10人を超えた（＊10）。

日本学術会議に女性が一気に増えたのは、第20期（2005年）からで、組織と会員選考の制度が変わってからである。第20期にそれまでの7部制（文、法、経、理、工、農、医）から現在の3部制（人文社会、生命、理工）へ変わった。会員選考方法も、それまでの「登録学術団体からの推薦に基づいて専門ごとの推薦委員会が選考」する方法から、「日本学術会議に設置された選考委員会が、会員・連携会員からの推薦を考慮して選考」する方法へ変わっていた。

2005年は、第2次男女共同参画社会基本計画が策定された年である。そこでは、「国の政策・方針決定過程への女性の参画の拡大」において、2003年の男女共同参画推進本部決定である「社会におけるあらゆる分野において、2020年までに、指導的地位に女性が占める割合が、少なくとも30％程度になるように期待する。そのために、政府は、民間に先行して積極的に女性の登用等に取り組むとともに、各分野においてそれぞれ目標数値と達成期間を定めた自主的な取り組みが進められることを推奨する」（「202030」）に従うことが明記された。

日本学術会議は、独立した組織ではある（法3条）が、内閣総理大臣の所管（法2条2項）であることから、同じ内閣府に属する男女共同参画推進本部の決定をきわめて重要に受け止めた。その背景には、2003年の決定に加えて、第3次男女共同参画基本計画（2010年）及び第4次男女共同参画基本計画（2015年）においても、「日本学術会議において、女性の会員比率及び連携会員比率の向上に努めるとともに、学術分野における男女共同参画を推進するため積極的な調査や提言を行う」という文章とともに、数値目標（第4次においては、2020年に30％）が定められたことがある。

これに呼応する形で、新しい第20期からは、副会長も3人のうち1人が女性となり、第23期からは、副会長2名が女性となり、それは第25期も続いている。会長1名を含めたこの4人が日本学術会議の幹部であり、その割合が5割であることは、特筆すべきことといえる。また、第22期には、幹事会を構成するそれぞれの部の役員4人（部長、副部長、幹事2名）のうち女性は、第1部（人文・社会）2人、第2部（生命科学）0人、第3部（理・工）1人であったが、第25期は、第1部1人、第2部1人、第3部2人となっており、女性が12人中4人（33・3％）となっている。

＊10 https://www.gender.go.jp/research/kenkyu/sankakujokyo/2019/pdf/5-4.pdf

筆者は第22期、第23期会員であった経験から、第23期や第24期に向けた会員選考のあらゆる過程において、「２０２０３０」が重視されていたことを覚えている。ただ、当時は、女性といえば第１部で、第２部や第３部の女性の割合をいかに増やすかが常に検討課題であった。ちなみに、第22期では第１部が49人中26人（53・１％）を占めており、残りを第２部と第３部が占める（23人、47・０％）という状況であった。今期第25期は、任命拒否された１名を含めて、第１部が25人（32・１％）、第２部・第３部が53人（67・９％）と、第２部・第３部の伸びが著しくなっている（＊11）。第１部の女性会員の伸び率が第２部・第３部と同様であれば、会員の女性比はもっと上昇したはずで、元第１部の会員としてはとても残念である。

周知のように、２０２０年に策定された第５次男女共同参画基本計画では、「２０２０３０」について、「「２０２０年30％」目標については、その水準の到達に向けて、官民の積極的な取組が行われてきたものの、現時点においては、女性の参画が進んでいる分野もある一方で、政治分野や経済分野など進捗が遅れている分野もあり、全体として「30％」の水準に到達しそうとは言えない状況にある。」と後退した表現となっている（＊12）。その中で、日本学術会議が、すでに２０１７年の時点で目標を達成したことは、組織が意識を変え、一丸となって対応することができれば、この目標達成は十分可能であることを示している。多くの組織が、日本学術会議から学ぶことで、できる限り早い段階での「２０２０３０」を実現できる。

3　女性がいない時代と「婦人研究者」

第12期（1981年）以前の日本学術会議においては、すでにみたように女性の会員は存在していなかった。にもかかわらず、第11期中の1975年には、後に女性初の会員となる猿橋勝子の働きかけにより、「科学者の地位委員会」に「婦人研究者問題小委員会」が会員5人と女性研究者10人で設置された（*13）。同委員会では、毎年シンポジウムを開催し、その成果を踏まえて、1977年5月23日に、総会の決議に基づいた「婦人研究者の地位の改善について（要望）」（以下「要望」）が内閣総理大臣宛てに出された（*14）。これが、日本学術会議における初めての女性研究者に対する言及である。

*11　各数値は公表されている名簿掲載の専門分野から確認したので、人数は確定ではない。専門分野は複数の部にまたがる場合があり、本人が最終的にどの部に所属するかを決めることになる。日本学術会議事務局にも確認したが現在まで返答がなかった。

*12　「第5次男女共同参画基本計画～すべての女性が輝く令和の社会へ～」（2020年12月25日閣議決定）1頁。

*13　猿橋勝子「SCJにおける女性研究者問題ことはじめ」『学術の動向』4巻10号（1999）10、11頁。なお、1985年4月には、「婦人の科学者問題小委員会」が女性科学者に関する委員会として初めて設置されたが、当事者である女性が参加することはなかった。

*14　http://www.scj.go.jp/ja/info/kohyo/08/10-16-y.pdf

そこでは、「婦人研究者は、科学研究への参加の歴史が浅く、かつ、婦人の能力・特性あるいは固定的な役割分担に関する旧来の観念が今なお残存することもあるため、その数も科学者全体のうちきわめて少数にとどまり、しかも著しく不利な地位に置かれている」。そのために、「婦人研究者の地位を改善し、その能力が十分発揮されるような条件を整える」ことが必要だとして、次のことが提案されている。

1　婦人研究者に関する実態調査
2　科学研究への婦人の職業的参加の奨励、数の増加のための施策の確立、能力を十分発揮しうる条件整備
3　研究者の採用・昇進等の際、男女の機会均等の保障
4　母性としての責任も果たすために必要な社会保障上の措置

この「要望」には、いくつもの資料も添付されているが、中でも興味深いのは、東京大学理学部化学科修士課程修了者のその後（1955年～1966年まで）を追った資料である。東京大学に就職した男子では、「1960年度修了者までほぼ全員が教授、助教授になっている」が、「婦人は最高が講師」で、国立大学全体では、「男子では11名が教授になっているのに対し、婦人の教授はまだ出ていない」と分析している。

東京大学に関しては、今でも、女性の割合はとても低く、2019年の国立大学協会の調査でも、女性教員比率（助手を除く）は13・3％で、85校中72位である（＊15）。東京大学より女性比率が低い大学は、理工系の単科大学が中心であり、総合大学としては最も低いグループに属する。

今回の任命拒否に関する菅内閣総理大臣の「説明」の中に、「特定の大学に偏っている」という言及があるが、東京大学への偏りが、約30％から17％へと少なくなっているのも、女性の会員が多くなっていることと無関係ではない（＊16）。旧帝国大学のような伝統的に日本学術会議の会員を輩出してきた大学に未だ女性の教員が少ない現状があるために、日本学術会議の会員に女性が増えることで、結果的に日本学術会議における「大学の多様性」をもたらすという皮肉な結果となっている。

この「要望」が出された時代的背景には、国連で1975年が「国際婦人年」とされ、メキシコで第1回世界女性会議が開かれたことがある（＊17）。日本でも、この年の冒頭には、『国際婦人年に当たって』と題する内閣総理大臣のメッセージが出された」ほか、国会で

＊15　「国立大学における男女共同参画推進の実施に関する第16回追跡調査報告書」195頁。

＊16　大西隆元日本学術会議会長の発言。https://www3.nhk.or.jp/news/html/20201028/k10012685441000.html

＊17　猿橋も同様の見解を明らかにしている。前注13、10頁。

は「衆参両院の超党派議員により『国際婦人年にあたり、婦人の社会的地位の向上を図る決議』が衆参両院で採択された」。さらに、政府は、「婦人問題企画推進本部」（以下「推進本部」）を設置した。「推進本部」は「国内行動計画」（1977年1月）を策定、「『婦人の政策決定参加を促進するための特別活動推進要綱』（同年6月）を本部決定し、当時3％弱だった国の審議会の女性委員割合を国内行動計画前半期に10％程度へ引き上げることを目指すこととした」（＊18）。

市民社会においても、この時期は、「ウーマンズリブ」運動が盛んになり、メキシコ会議をきっかけに「国際婦人年をきっかけとして行動を起こす女性たちの会」が結成されるなどした（＊19）。

日本学術会議の1977年の要望で取り上げられている項目は、今でもまだ解決をしていない事項ばかりである。当時は一人も女性の会員がいなかったことを考えれば、男性である会員の女性平等意識がかなり高かったことがうかがわれる。当時は積極的差別是正措置という言葉も法的には存在せず、「女性を差別する」という意識も希薄だった社会や大学において、日本学術会議という法的に設置根拠がある政府機関が先鞭をつけたという事実はもっと広く認識されていい。

現在では女性差別撤廃条約や男女共同参画社会基本法をはじめとして、女性活躍推進法や候補者男女均等法があり、マジョリティである男性がジェンダー平等のために一歩踏み出すことが容易な環境にある。

なお、第12期の最後（1985年）には、さらに「婦人研究者の地位の改善に資するための総合的調査機関の設置について（要望）」が日本学術会議会長名で出され、そこでは、「男女の別なく、人類の頭脳が全面的に活用され、より多くの人材が科学研究の分野に貢献する新しい局面が切り開かれることを強く希望する」と結ばれている。

4　ジェンダー平等への道

これまでの公選制から登録学術研究団体からの推薦制度に変わった第13期（1985年）から第15期まで会員だった一番ケ瀬康子によれば、第15期の最後の総会（1994年）に、「女性科学研究者の環境改善の緊急性についての提言（声明）」が出されたものの、第16期（1994年〜）においては、4名であった女性会員が1名になってしまったことで、この声明の実現が危ぶまれると感じたという。その状況を変えるために、一番ケ瀬らは「女性科学研究

*18　https://www.gender.go.jp/about_danjo/law/kihon/situmu1-2.html

*19　この時期の「ウーマンリブ」運動については、石川優実責任編集『エトセトラ VOL. 4 特集女性運動とバックラッシュ』（エトセトラブックス、2020）、田中美津『この星は、私の星じゃない』（岩波書店、2019）、松井久子編『何を怖れる　フェミニズムを生きた女たち』（岩波書店、2014）など参照。

者の環境改善に関する懇談会（JAICOWS）」を設立したと言う（＊20）。

前記声明は、第15期に入って、「第2常置委員会」の分科会において、一番ケ瀬康子、安川悦子を含む4人の女性会員をも含めて議論をした上で、総会で決議されたものである。一番ケ瀬康子と同じく第13期からの会員である安川悦子は、1977年の提言と1994年の声明とを比較して、前者が「母性」を強調しており、シンポジウムにおいても「男性とあまり競争しなくてよい専門分野」で活躍する「学問研究における性別分業がここでは強調された」としている。それに対して後者は、1979年の女子差別撤廃条約の成立や1985年の批准を受けて、『母性』を女性のものだと決めつけ、性別役割分業を肯定し、学問を女性の領域と男性の領域に分けて問題を解決しようという空気が一変しはじめた」としている（＊21）。

原ひろ子が会員だった第17期（1997年〜）においては、「女性科学者の環境改善の推進特別委員会」が日本学術会議に設置され、第17期の最後の総会（2000年）では、「女性科学者の環境改善の具体的措置について（要望）」と「日本学術会議における男女共同参画の推進について（声明）」が採択された。そこでは、「女性会員比率を今後10年間で10％まで高める」ことが明言された（＊22）。

1999年は、男女共同参画社会基本法が成立し、2000年には、同法に基づく第1次男女共同参画社会基本計画が策定された。日本学術会議に関しては、2000年の「声明」

を受ける形で、「日本学術会議においては、平成12年6月に定めた『女性会員比率を今後10年間で10％まで高める』という目標に向け女性会員の増加を図る等、女性科学者の登用に努める」という取組が、「政策・方針決定過程への女性の参画の拡大」の「国の審議会等委員への女性の参画の促進」という項目の中で「その他の委員等への女性の参画を促進するための取組」として挙げられている。

第18期においては、7人になった女性会員（＊23）のうち、4人が参加して、「ジェンダー問題の多角的検討特別委員会」報告として、「ジェンダー問題と学術の再構築」が公表された。

第19期においては、13人になった女性会員（＊24）のうち6人が参加して、「ジェンダー学研究連絡委員会」及び「21世紀の社会とジェンダー研究連絡委員会」による「男女共同参画

＊20 一番ケ瀬康子「JAICOWSとは?――第2常設委員会主催シンポジウム「女性科学者の環境改善をめざして」を踏まえ」『学術の動向』1巻4号（1996）65-68頁。
＊21 安川悦子「科学研究におけるジェンダーの問題」『学術の動向』5巻6号（2000）10頁。
＊22 http://www.scj.go.jp/ja/info/kohyo/pdf/kohyo-17-k132-3.pdf
＊23 女性会員が第18期から7人に増えたが、それぞれのプロフィールが『学術の動向』に載せられており、また、数の少なさが強調されている。「日本学術会議第18期女性会員」『学術の動向』5巻9月（2000）18頁。
＊24 「日本学術会議第19期女性会員」『学術の動向』8巻9号（2003）18頁。第18期の女性会員のうち3人が残り、新たに10人が任命された。

社会の実現に向けて――ジェンダー学の役割と重要性」が、1人が参加して、「分子生物学研究連絡委員会」・「生物物理学研究連絡委員会」による「科学者・技術者の人材のさらなる活用を図る男女共同参画制度の整備について――理工学系の現状に基づく提言」が、「学術体制常置委員会」報告として、「女性研究者育成の観点から見た大学院教育の問題点」が公表された。最後の報告は、大学院生のアンケートを含む興味深いものであるが、第19期会員であった本田和子が協力はしているものの、男性会員のみによって審議されており、その結論は別として、当事者性についてかなり疑問がある報告となっている。

第20期（2005年～）からは、大規模な制度改革があったこともあり、一気に女性会員が42人に増加し、20％を超えるようになった。第20期から第22期まで会員を務めた上野千鶴子は、第20期の最初の総会において、早速「学術とジェンダー」懇談会を発足させ、「学術とジェンダー」特別委員会の設置のための要望書も提出したことを明らかにしている（＊25）。第20期ですでに2000年の第1次男女共同参画基本計画の目標である10％を超えており、着実にジェンダー平等の道を歩んできている。

女性が初めて日本学術会議の会員になってからの約25年間は、世界でも国内でもジェンダー平等の施策が次々と充実してきた時期である。しかし、2005年までは日本学術会議のジェンダー平等の動きは確実であったが、遅々として進まなかった。210人のうち5人以下の時代に女性会員たちがどれだけ苦労したかは想像に難くない。ただ、彼女たちの奮闘があって、日本学術会議は時代に先んじて、2010年までの達成目標である10％を早くも2005年には達成している。

この目標達成には、会員選考を含めた抜本的な制度改正も影響しているが、原ひろ子をはじめとする日本学術会議会員が、政府のジェンダー平等政策の策定にかかわったことも大きい（＊26）。日本学術会議が2000年に策定した数値目標が、第1次男女共同参画基本計画に組み入れられたことで、日本学術会議を縛ることになり、会員選考における意識改革を迫られることになった。

女性会員が少ない中で、女性会員を増やすためには、男性会員の意識を変える必要がある。コ・オプテーションという方法により女性会員を増やし続けた日本学術会議は、男性の意識改革に成功した好事例だといえる。もちろん、日本学術会議の女性会員比率を上げることの必要性が、男女共同参画基本計画の第1次から第4次まで（たぶん現在検討中の第5次も）明記されたことで、政府の組織であるからこその政府をも巻き込んだジェンダー平等戦略が功を奏したことは否めない。しかし、それだけではない秘訣を、2人しか女性がいない内閣をは

＊25 上野千鶴子「日本学術会議の改革について●学術会議の大胆な自己改革……20％に達した女性会員比率」『学会ニュース』日本女性学会、104号（2005）1‐2頁。

＊26 原ひろ子は、内閣府の男女共同参画会議の委員を務めていた。第18期からの会員岩井宜子、第19期からの会員辻村みよ子も同様である。

じめとするほかの政府機関は学ぶ必要がある。

5　おわりに――ジェンダー差別解消の牽引をなくするために

第20期以降は、女性会員割合が2割を超えることで、学術におけるジェンダー差別解消のための様々な対応が行われるようになった。

日本学術会議の組織運営について検討する機能別委員会の科学者委員会には男女共同参画分科会が設置され、そこでは、毎期学術とジェンダー平等に関する重要な提言が公表されている（＊27）。さらに、第23期に第1部付置の総合ジェンダー分科会が設置されたのを皮切りに、第24期には、第2部・第3部に付置される「ジェンダーとダイバーシティ分科会」が設置され、それぞれの部に関する問題をジェンダー視点から検討する組織が整えられた。特に第1部総合ジェンダー分科会は、長らく課題とされていた人文社会科学系のジェンダー平等のための学協会連絡会（人文社会科学系学協会男女共同参画推進連絡会（GEAHSS））（＊28）の立ち上げのプラットフォームになることを目的として設置されその役割も果たした（＊29）。第1部の社会学委員会、法学委員会および史学委員会には「ジェンダー」関連の分科会も設置され、それぞれ多様な提言をまとめるなど、活発な活動を行っている（＊30）。

菅内閣総理大臣は、２０２０年10月26日の所信表明演説で、「新型コロナウィルスにより、特に女性の雇用が厳しい状況にさらされていますが、こうした中にあっても、これまで進めてきた女性活躍の勢いを止めてはなりません。全ての女性が輝ける社会の構築に向けて新たな男女共同参画基本計画を年末までに策定します。また、厳しい状況にある大学生、高校生の就職活動を支援します」と述べている（＊31）。

これまで見てきたように、日本学術会議は政府のほかのどの組織よりも女性活躍を促進し

＊27 科学者委員会男女共同参画小委員会第20期「学術分野における男女共同参画促進のために」（2008）、第23期「科学者コミュニティにおける女性の参画を拡大する方策」（2015）、第24期「社会と学術における男女共同参画の実現を目指して——2030年に向けた課題」（2020）。

＊28 https://geahssoffice.wixsite.com/geahss。詳しくは、井野瀬久美恵「ギース（GEAHSS）の取組み——人文学・社会科学系の挑戦」『学術の動向』23巻12号（2018）40頁以下参照。なお、自然科学系では、日本学術会議の2000年の要望・声明に触発され、2002年に「男女共同参画学協会連絡会」が発足し、アンケート調査など積極的な活動を行っている。https://www.djrenrakukai.org/index.html

＊29 第22期の2013年に設立された「人文社会科学系諸学会男女共同参画連絡会準備会」と連携をとることを目的として設置された第1部社会学員会複合領域ジェンダー分科会の役割を引き継ぎ、第23期の2015年第1部会総合ジェンダー分科会が設立された。

＊30 例えば、第24期には、法学委員会ジェンダー法分科会、社会学委員会ジェンダー政策委員会及びジェンダー研究分科会から、提言「『同意の有無』を中核に置く刑法改正に向けて——性暴力に対する国際人権基準の反映」が公表され、同提言は、法務省で現在開催されている性犯罪に関する刑事法検討会で参考資料とされた。http://www.moj.go.jp/keiji1/keiji12_00159.html

てきた。それは、学術の営みが主に行われる大学が子どもたちの未来に直結しているからにほかならない。性別による差別やＳＯＧＩによる差別などいかなる差別も受けることなく子どもたちが未来を描けることが国の将来にとって不可欠だからである。

今回の６人の任命拒否は、これまでみてきたような日本学術会議のこれまでの学術におけるジェンダー平等に関する営みを否定したものであり、ジェンダー平等な社会の実現を目指して邁進してきた日本学術会議の努力を否定するものである。「女性活躍の勢いを止めない」と言いながらの任命拒否は、ジェンダー平等の視点からも認めることができない暴挙であり、速やかな６人の任命を強く求めるものである。

＊31　https://www.kantei.go.jp/jp/99_suga/statement/2020/1026shoshinhyomei.html?fbclid=IwAR0T-lpmU6PUBXvlGFSbtWbpnPYPyrCFKktmw5ujpa7hmifFMvqA20BPv0s

7 日本学術会議と軍事研究

池内了

池内了（いけうち・さとる）
1944年兵庫県生まれ。天文学者、宇宙物理学者。京都大学大学院理学研究科物理学第二専攻博士課程単位取得満期退学。理学博士。名古屋大学名誉教授。総合研究大学院大学名誉教授。日本学術会議第17期、18期（1997〜2003年）会員。『お父さんが話してくれた宇宙の歴史 全4冊』で産経児童出版文化賞JR賞、日本科学読物賞を、『科学の考え方・学び方』で講談社出版文化賞科学出版賞。著書に『科学者と戦争』（岩波新書）、『ねえ君、不思議だと思いませんか？』（而立書房）、『科学者と軍事研究』（岩波新書）、『科学者は、なぜ軍事研究に手を染めてはいけないか』（みすず書房）などがある。

今回の日本学術会議（以下、学術会議と略すことがある）会員候補者任命拒否問題が発端となって、日本学術会議批判の声が高まっている。なかでも日本学術会議が軍事研究に対して反対の意向を示し、大学等の研究者に対して学問の自由を奪っているとの論が打ち出されている。しかし私は、かつての日本学術会議とは違って、最近の声明では学術研究の自由を守る上での倫理委員会的な役割を果たしていると思っている。そのことも含めて、日本学術会議が打ち出してきた軍事研究に対する声明等を一覧し、現在の科学者の状況と比較しながらまとめておくことにする。

日本学術会議第1回総会声明

日本は明治維新以来、先の戦争が終わる1945年までの間、天皇主権で富国強兵政策が貫徹していた国である。大学の目的は「国家の須要に応じる」国家優先・国権主義であり、大学の教育・研究は国家に隷属するのが当然とされた。そもそも「大学の自治」とか「学問の自由」という概念はなく、度々国家から言論思想に対する弾圧を受け、研究者の自由に物を言う雰囲気も気概も失われていた。その中での科学の研究はもっぱら国家のため、そして軍のためであり、人々の幸福のためのものではなかった。また、それを当然として科学者は戦争への動員に従順に応じてきたのであった。

おそらく、戦争に負けたことで科学者たちの目が開かれたのであろう。1949年に新生した日本学術会議の創立総会において、「日本学術会議の発足にあたって科学者としての決意表明」を採択した。そこには「これまでわが国の科学者がとりきたった態度について強く反省し」とある。しかし、いかなる態度をとりきたったのか、どのように反省したのか、については一切書かれていない。この文章でまとまるまでに、多くの反論や異論があったのだろう。事実、坂田昌一は『科学者と社会　論集2』（岩波書店）において、「国家が戦争をはじめた以上、国民である科学者が、これに協力するのは当然のことであり、戦争が終わった現在、過去のことを云々するのは却ってよくないのではないか」という意見が総会の場で交わされたと記載している。この意見は、現在においてはもっと強くなっているかもしれない。国家の金で運営費が出ている日本学術会議は（国立大学も）国家の言うことに従うべきだという意見が堂々と出される現状があるからだ。

ただ、声明文は「今後は、科学が文化国家ないし平和国家の基礎であるという確信の下、わが国の平和的復興と人類の福祉増進のために貢献せんことを誓う」と続いており、文化と平和と人々の福祉に貢献する科学であると宣言している。坂田は、理性が二度と後退しないよう最大の努力を捧げることは、科学者の世界人民に対する義務と言っているが、いわば科学者の原点とも言うべき目標が提示されていることが重要である。

日本学術会議第6回総会声明とそれ以後

続いて出されたのが、第6回総会（1950年4月）声明の「戦争を目的とする科学の研究には絶対従わない決意の表明」である。まず第1回総会の声明を確認した上で、「われわれは、文化国家の建設者として、はたまた世界平和の使として、（略）科学者としての節操を守るためにも、戦争を目的とする科学の研究には、今後絶対に従わないというわれわれの固い決意を表明する」としている。国会が戦争を放棄した新憲法を成立させたことを受け、公選によって会員を選ぶ日本学術会議も「学者の国会」として平和主義の立場を宣言するとの決意表明であった。

このときはそう深刻に議論されなかったようなのだが、やがて日本学術会議は戦争と平和に関わる「政治的」問題を扱うべきではない、との議論が展開されるようになった。まず、1951年3月の第9回総会では「戦争から科学と人類をまもるための決議案」が新村猛らによって提案された。これは「再軍備及び再軍備等によって惹起される戦争から科学と人類をまもるために、いっそうの決意と努力をする」との平和のための決意表明なのだが、朝鮮戦争を背景にして日本の再軍備が論じられる状況下では政治的だとの異論が強く出され、提案が否決されたのであった。

続く10月の第11回総会では、江上不二夫など5名が共同で「講和条約調印に際しての声明案」が提案された。これは「講和条約調印に際し、われわれは、従来の声明を再び確認し、その声明を保障している日本国憲法を守るという固い決意を表明する」との極めて穏当な決意表明であった。しかし、「戦争を目的とする科学の研究」は絶対に禁止されるべきものか、朝鮮半島で戦争が起きているような情勢の変化がある中でも「戦争を目的とする科学の研究」に絶対に従わないのか、というような議論が持ち出され、この提案も否決されてしまった（以上、杉山慈郎『「軍事研究」の戦後史』ミネルヴァ書房）。

政府によって自衛・再軍備・単独講和が先導されていくなかで、それを直に議論することは政治的であり、日本学術会議にはふさわしくないとの意見が広がってきたのである。この状況は現在いっそう強まっており、そもそも「戦争を目的とする研究」とはどんな研究のことか、について議論百出となってまとまらないであろう。

研究費の問題

先に紹介した坂田昌一の著書には、1950年2月の日本学術会議の「学問・思想の自由保障委員会」主催の講演会において坂田が行った講演が採録されている。そこに学問の自由について、学問をしている者の生活が安定していなければならないことと、研究に必要なだけの研究費がなければならないこと、という経済的側面からの条件について述べている。坂田は、研究者の経済的状況をも研究の自由の範囲として捉えていたのである。

そのことを象徴する逸話を同じ著書の「広い観点に立って」に書いている。「学問・思想の自由保障委員会」が1951年に全国の科学者に出したアンケートに、「過去十数年間において、学問の自由がもっとも実現されていたのはどの時期であったか」という設問があった。その回答において「太平洋戦争中であった」という意見が非常に多かったというのである。その理由は、戦時中、臨時軍事費からの研究予算が潤沢に供給されたためであり、研究者は研究費が多いことを学問研究の自由と等値していることを意味する。坂田がこの事実を「過去において日本の科学者は学問の魂である自由の代償として研究費を稼いでいた」と解釈しているように、戦時中には学問の自由を捨てて軍から提示された軍事研究を行うとして研究予算を獲得していたのである。ところが、そのような卑屈な態度であったことに対する反省がなく、むしろ研究の自由があったという捉え方に対して、坂田は「日本の科学者の学問の自由という問題に対する意識がいかに低いかを示したもの」として憤慨している。

現代の日本においては経常的研究費がバッサリ切られ、「選択と集中」政策によって研究予算が潤沢に支給される少数の分野がある一方、そこから外れた多数の分野では競争的資金と呼ばれる予算を獲得するしかなくなっている。あるいは、産業界との契約の下で得られる産学連携資金に頼る他がない。これらの研究費は、研究テーマが予め決められ、資金の使い道に制限があり、時期がくれば成果報告を必ず出さねばならないから、研究の自由が大きく制限されるのは明らかである。しかし、研究者は何であれ研究費の高さを研究の自由と思い込む習癖があり、節操もなく軍事研究によって研究予算を手に入れたいと望むようになっている。研究者を籠絡するには研究費を利用すればよいのである。

米軍資金

そのことを明確に示しているのが米軍資金である。1967年に「朝日新聞」のスクープによって暴かれたのだが、1959年から1967年の間に、アメリカ軍極東研究開発局から、国立大学など多数の団体が全体として3億8700万円もの研究資金を受けていた。

米軍からの資金提供の誘いの手口としては、業績報告が簡単であり、成果の公開も自由である、基本的にはこれまでの研究が継続できる、軍事研究の雰囲気が薄く通常の民生研究が続けられる、というもので乗りやすいのである。当時の日本の研究費システムでは特に国際交流が困難で、米軍資金は大いに重宝されたのだ。

米軍の目的は、ソフトパワーとして文化・友好・交流などを通じて日本人研究者との関係を築いて人材を確保するというもので、すぐに軍事研究に誘い込むわけではない。むろん、研究課題に軍事的な魅力があると秘密研究に誘ったりもする。実は、これらはアメリカ国防高等研究計画局（DARPA）の手法で、民生研究を渉猟しながら軍事研究に結び付けていくという、彼らのお得意の戦術なのである。

実は、この米軍資金は現在に至るまで継続しており、時折新聞社が調査結果を報道しているが、人々の批判的な意見が年々薄れているように感じている。研究者が個人として応募して資金を得ているのは自由であるとか、軍事に直結しない研究ならそう目くじらを立てなくてよい、というような感覚になっているためである。さて、日本の研究組織がこのように米軍の配下になっていってよいものであろうか。

物理学会の決議案と第2回の軍事研究拒否の声明

この「朝日新聞」のスクープがきっかけになって、日本物理学会が1966年に開催した「半導体国際会議」に米軍から資金が出ていることが明らかになり、物理学会は大騒ぎになった。軍事研究には与しないとの原則的立場を貫いてきた多くの物理学会会員にとっては寝耳に水の大事件で、臨時総会を開いて学会としての態度を明確にすることになった。そこで採択された決議の一つがいわゆる「決議三」で、「日本物理学会は今後内外を問わず、一切の軍隊からの援助、その他一切の協力関係を持たない」というものであった。米軍のみならず自衛隊との協力（自衛隊員との共同研究など）も行わないことを決めたのである。まさに日本学術会議第6回総会声明にあった「科学者としての節操を守る」意志を明らかにしたものと言えよう。

この「決議三」は賛成1927、反対777、棄権639、無効57で採択されたのだが、反対・棄権を合わせたかなりの数の会員が決議案に同意しない・逡巡するという態度を表明した。「科学の発展に寄与するのだからよいではないか」との意見が強くあったのだ。さらに、諸外国では軍関係の研究者が多くいて、軍との共同研究や軍からの資金提供は普通に行われているなかで、「決議三」のような厳しい制限は世界に通用する学会とは言えない、という意見も強くあった。「世界標準ではない」というわけだ。おそらく現在同様な投票が行われたら逆転するだろう。

その結果として、1995年に日本物理学会を代表する委員会議において「研究費が軍関係から出ていたり、軍関係者の研究が提出されても、その研究内容が明白な軍事研究でなければ拒否しない」との決議を挙げている。つまり、「明白な軍事研究」でなければ許容すると、基本原則を大きく変更することになったのである。では、「明白な軍事研究」とは何か、軍事研究と民生研究の区分けが曖昧な中で、さらに「明白な」を付けて軍事研究をさらに区分けすることの意味は何か、という疑問が湧いてくる。軍事研究に関する研究者の意識がどんどん後退し、現在につながっていることを忘れてはならない。

米軍資金問題は国会で議論になり、当然日本学術会議でも論争になった。ベトナム戦争に日本も間接的に軍事行動に加担しているなどの世論が盛り上がっていたこともあって、19

67年10月の日本学術会議第49回総会において「軍事目的のための科学研究を行わない声明」を出した。ここでは、まず「現在は、科学者自身の意図の如何に拘わらず科学の成果が戦争に役立たされる危険性を常に内蔵している」と、科学の成果が戦争に利用されている現状を押さえている。ベトナム戦争が頭にあるのは当然であろう。そして、「科学以外の力によって、科学の正しい発展が阻害される危険性が常にわれわれの周辺に存在する」と、軍事機関からの資金提供が科学を邪な方向に誘導する危険性を指摘し、「われわれはこの点に深く思いを致し、決意を新たにしなければならない」と科学者としての姿勢を点検すべきと呼びかける。そして、「ここに日本学術会議発足以来の精神を振り返って、真理の探究のために行われる科学研究の成果が又平和のために奉仕すべき」という科学者の原点に立ち戻って、「戦争を目的とする科学の研究は絶対にこれを行わないという決意を表明する」と、第6回総会の声明を再確認したのであった。

日本学術会議が1950年と67年に出した以上の二つの軍事研究拒否の声明は、科学者からの明確な態度表明であり、大学等の科学者が軍事研究とは一線を画して研究を行うのを当然とする雰囲気を作る根源となったのは確かである。世界のいずれでも科学者が軍事研究を行うのが当たり前であることを考えれば、日本は公的には軍事と関係しない科学を追究している稀な国であったのだ。とはいえ、現在では、「明白な軍事研究ではない」「直接、軍事目的に利用されない」「デュアルユースである」との言い分が広がり、軍事研究が研究現場に入り込む事態が生じるようになっているのである。

防衛装備庁の「安全保障技術研究推進制度」

発端は、第二次安倍内閣が発足して間もない2013年12月の「中期防衛力整備計画」等の閣議決定において、「大学や研究機関との連携の充実等により、防衛にも応用可能な民生技術（デュアルユース技術）の積極的な活用に努める」と民生技術を軍事技術として取り込むこと、つまり民生研究を行っている大学等の科学者を軍事研究に誘導する方針を明らかにしたことにあった。それを受けて、防衛省は2015年に「安全保障技術研究推進制度」を立ち上げ、技術本部を防衛装備庁に格上げして主宰する形としたのである。軍事組織である防衛装備庁からの防衛装備品開発のための資金提供は、明らかに軍事研究を拒否してきた日本学術会議への挑戦であり、研究費不足に悩む科学者を軍事研究に誘い込む餌であることは容易にわかる。

その謳い文句は「防衛分野での将来における研究開発に資することを期待し、先進的な民生技術についての基礎研究を公募・委託します」という「公募要領」に書かれた文言に象徴的に表れている。「防衛分野での将来における開発研究に資する」と称して、当面は直接的な軍事目的の研究ではないとの印象を抱かせるのである。そして、いかにも「民生技術」についての公募であり、「基礎研究」であることを強調している。応募する研究者に、民生技術の募集だと誤解させ（そもそも防衛装備庁が純粋の民生技術を募集するはずがないのだが）、また基礎研究であれば軍事研究ではないとの一般に流布している理解で安心させるのである。

さらに装備庁は、研究成果の公表を制限しない、特定秘密を始めとする秘密に指定することはない、防衛装備庁の職員が進捗管理を行うが研究には介入しない、ということを特記している。これら三点は、応募を考える研究者が防衛装備庁の委託研究であることから抱く懸念について、その心配はないとわざわざ保証しているのである。しかし、それはこの制度が定着して市民権を得るまでのことでしかないだろう。のみならず、応募した技術が真に軍事的に有効であると判断すれば、公表を控えさせ、特定秘密に指定するのは当然で、いつ何時三つの約束が反故になってしまうかわからない。そこが軍事研究の怖さなのである。研究費不足に窮じた研究者にそれを呑み込ませようというわけだ。

日本学術会議の三度目の「声明」

この「安全保障技術研究推進制度」ができて、「戦争のための研究を行わない」との声明を二度まで出した日本学術会議として対応せざるを得なくなった。当時の会長が「自衛のための軍事研究は許される」との立場を公言したためもある。2016年5月に「安全保障と学術に関する検討委員会」が発足し、ほぼ1年間議論されて公表されたのが「軍事的安全保障研究に関する声明」(2017年3月24日)であり、それを補足した「報告　軍事的安全保障研究について」(2017年4月13日)である。いずれも幹事会発出となっており、特に「声明」が総会決議事項でなくなっていることに、現在の日本学術会議の不安定な状況が暗示されていると感じざるを得ない。

この「声明」と「報告」では、「軍事研究」と呼ばず「軍事的安全保障研究」と呼んでいることが特徴的である。「軍事研究」と呼べば、その定義から悶着が起きることを回避するため、軍事的な手段による国家の安全保障に関わる研究と一般化した表現としたのであろう。むろん、防衛装備技術の研究もこれに含まれるとして、当然防衛装備庁の「安全保障技術研究推進制度」をターゲットにしているのは明らかである。

この「声明」では、最初に、軍事的安全保障研究が「学問の自由及び学術の健全な発展と緊張関係にあること」を確認して、「戦争を目的とする」あるいは「軍事目的のための」科学研究を行わないと宣言した、過去2回の日本学術会議の「声明を継承する」と書いている。その論拠は、研究の自主性・自律性、そして研究成果の公開性が担保されるべき学術研究が政治権力によって制約されたり動員されたりすることこそが学問の自由への重大な阻害であり、軍事的安全保障研究には研究の方向性や秘密性の保持をめぐって、政府による研究者の活動への介入が強まる懸念があるという点にある。

そして、防衛装備庁の「安全保障技術研究推進制度」に対しては、将来の装備開発につなげるという明確な目的で公募・審査が行われ、装備庁内部の職員が進捗管理を行うという点で、「政府による研究への介入が著しく、問題が多い」と述べるだけである。むろん、「政府による研究への介入」との言い方から、学問の自由を壊す可能性をあることを示唆しているが、露骨に防衛装備庁の制度に反対を表明しているわけではない。

「声明」のこれに続く文言は、防衛装備庁の制度とは切り離して、一般的に軍事的安全保障研究について、その成果は軍事目的に、さらに攻撃的な目的のために使用され得るから、研究の入り口で資金の出所等の慎重な判断をすべきであること、具体的には大学等では研究の適切性を目的、方法、応用の妥当性の観点から技術的・倫理的に審査する制度を設けるべきとのアドバイスである。いわば、医学の現場で新たな手術を行う場合に倫理委員会が設けられ、その医療の倫理的側面が点検・議論されることに相当している。軍事的安全保障研究について、さまざまに倫理的な問題が掘り出され討論されるのは推奨されるべきことであるのは確かであるからだ。

「声明」の特徴

この「声明」は極めて慎重な書きぶりで、軍事研究に関わる政治的議論に入り込むのを避けている。防衛装備庁の「安全保障技術研究推進制度」については、「問題が多い」とは述べるが明確に否定せず、軍事的安全保障研究の適切性を自分たちで議論して共通認識を形成すべき、とだけしか言っていないことからもわかる。そのようなアドバイスを得て多くの大学で議論が交わされ、自主的に応募を控えるという動きになっているのであって、日本学術会議が先導してこの制度をボイコットするよう唆したわけではない。

この「声明」において、軍事的安全保障研究そのものの諾否や自衛のための戦力の保持などの議論に踏み込んでしまうと、賛否が拮抗して身動きがとれなくなってしまい、下手すると日本学術会議が分裂しかねない。

その点を考慮して、私は、「声明」はこれまでの日本学術会議の精神を生かすべく、ギリギリの判断と表現をしたと思っている。従って、日本学術会議が軍事研究反対の旗を振ったと大げさに非難するのは的を射ていないし、全国の大学の良識的な判断を踏みにじるものであり、決して許される言動ではないと思っている。多くの大学人は、自主的に軍事研究を拒否する姿勢を貫いているのである。

8

酔生夢死の国で

内田樹

内田樹（うちだ・たつる）
1950年東京都生まれ。東京大学文学部仏文科卒業。東京都立大学大学院博士課程中退。凱風館館長。神戸女学院大学名誉教授。専門はフランス現代思想、映画論、武道論。著書に『「おじさん」的思考』『街場の憂国論』（共に晶文社）、『日本習合論』（ミシマ社）、『コモンの再生』（文藝春秋）、編著に『転換期を生きるきみたちへ』『ポストコロナ期を生きるきみたちへ』（共に晶文社）などがある。『私家版・ユダヤ文化論』（文春新書）で第6回小林秀雄賞、『日本辺境論』（新潮新書）で新書大賞2010受賞。第3回伊丹十三賞受賞。

国益を著しく損なう行為

本書に寄稿してくださった方たちはおそらく全員が「学者」という属性を主として発言されていると思うが、私は少し違う視点からこの問題をとらえたいと思う。

今回の日本学術会議新会員任命拒否については、もちろん私は全力を挙げて政府の違法と憲法違反を咎め、学術共同体の独立性と威信を守るために戦うつもりでいるが、それは何よりも一人の日本国民として国の未来に強い危機感を覚えるからである。今回の暴挙は国の学術的発信力を減殺することをめざしている。ただでさえ衰運の途上にあるわが国の国際的競争力をこれ以上引き下げてどうするのか。その怒りが私を衝き動かしている。

日本政府がアカデミー入会資格について介入したことについて世界の学術共同体は深い憂慮を示している。それは単に日本政府の見識の低さへの評価にはとどまらない。このまま政治介入を私たちが座視していた場合、日本の学者知識人ひろく表現者全体がその知的な誠実さについて懐疑のまなざしを向けられることになる。それが長期的にどれほどの国益逸失に当たるか、官邸は考えているのだろうか。

すでに今もCOVID－19に関するデータを世界の研究者に対して公開していないことで日本政府は世界の学術共同体から批判にさらされている。米国のCDC（疾病予防管理センター）はデータを公開して、世界の研究者たちの「集団的な知」の結集を求めている。危機に際して衆知を集めて対応する。パンデミック対策としては当然のことである。だが、日本政府はデータの公開を渋っている。公開すると政府のパンデミック対策の成否の評価が可能になるからである。データが出されなければ「政府の対策はすべて成功だった」とのちに総括しても、誰にも反証ができない。

私の友人の感染症の専門家は日本政府の態度をこう評している。

> 現在の日本政府にとっては、データを公開することで「日本全体と世界から得られる集団的な知」を活用することよりも、「日本政府の無謬性の主張」を（客観性に欠けるものであれ）、擁護することの方が、優先順位が高い。
>
> （兪炳匡「台風とコロナ・パンデミックは同じか？」、『ポストコロナ期を生きるきみたちへ』晶文社、２０２０年、１５５頁）

政治と学術の違いはここに集約的に表現されていると思う。政治は無謬であることに過剰に高い価値を付与するが、学術はそうではないし、そうであってはならない。

知識は無から――白紙の状態（タブラ・ラサ）から――出発するのでもなければ、観察から出発するのでもない。知識の進歩というものは、主として、それ以前の知識の修正によって成り立つ。

（カール・ポパー『推測と反駁』、藤本隆志他訳、法政大学出版局、1980年、49頁、強調は内田）

学術においては、人々は「正解」を積み重ねて先に進むのではなく、「誤答」を修正しながら先へ進む。学知は無謬をめざさない。自説の修正のあらゆる可能性に対して開かれてあること、それが科学的であることの第一の条件であるというポパーの「科学」の定義に私は同意の一票を投じる。

その政治的言動の瑕疵を指摘されたときに、不利な証拠を隠蔽したり、データを改竄したり、「その指摘は当たらない」と言い抜ける能力を持つ政治家はそうでない政治家よりも生き延びるチャンスが多いのかも知れない（現に日本ではそうだ）。だが、反証事例を示されても、あれこれと言い逃れたり、不利な証拠を隠蔽したり、データを改竄したりして、自説の無謬性に固執する学者は学術の世界からは永久放逐される。政治と学術ではものごとの理非の基準が違うのである。まずそのことを認めないと話が始まらない。

政治と学術の「食い合わせの悪さ」

今回の日本学術会議の新会員任命拒否問題は、政治と学術の理非の基準の違いを改めて前景化した。政治と学術はゼロサムの関係にあるわけではない。棲んでいるニッチが違うのである。だから、政治と学術がお互いに不干渉であることが現実的には望みうる比較的「ましな」関係だろうと私は思っている。そして、その点についてはこれまで政治家にも学者にも、暗黙の了解があったのではないか。だからこそ、久しく政府は日本学術会議に公的支援をしながらも、その独立性を保証してきたし、学術会議もその提言が政府の容れるところとならない場合でもその不作為をはげしく批判するというようなことも起きずに来た。

政治と学術はもとから「食い合わせが悪い」のである。だから、礼儀正しい距離感を保つくらいのところが「いいさじ加減」だ、と。そのことをこれまで政治家も学者もわかっていたと思う。その相互不干渉の黙契を安倍・菅政権は破った。それはなぜか。

政府が日本学術会議の人事に干渉するようになった理由の一つは学術会議が「戦争を目的とする科学の研究は絶対にこれを行わない」ことを声明したためである。そして官邸はこれを「政治への干渉」にあたると解したのである。私はそう思う。

つまり、「相互不干渉のルール」を先に破ったのは学術会議の方である。だから報復した。たぶん官邸はそういうふうに今回の一連の出来事を正当化していると思う。

出身校に偏りがあるとか、若い学者や女性の任命が少ないとか、組織運営が民主的でないからというようなのは後からとってつけた言い訳であって、そんな理由で任命拒否を正当化できるとは彼らだって思っていない（そもそも今の政府は多様性にも女性登用にも組織の民主的運営にも特段の関心がないことは誰でも知っている)。にもかかわらず、彼らがこの任命拒否を主観的には合理化できると信じているのは、学者たちが「矩《のり》を超えた」と彼らが信じたからである。これまでと同じことをしたら「矩を超えた」と判定されたということは、「矩」の方が動いたからである。これまで「フェア」だったものが「ファウル」に判定されたのは、ファウルラインが動いたからである。では、彼らは何を動かしたのか。

1949年に創建された日本学術会議は翌年に「戦争を目的とする科学の研究は絶対にこれを行わない」旨の声明を発した。1967年にも「軍事目的のための科学研究を行わない声明」を発した。2017年にはこの二つの声明を「継承」することを改めて明らかにした。それは2013年の特定秘密保護法、2015年の安保関連法、2017年の共謀罪法など矢継ぎ早の採択によって再び学術と軍事が接近しつつある不安を学術会議の側が感知したからである。だから、軍事にかかわる研究が「学問の自由及び学術の健全な発展と緊張関係にあることをここに確認」して過去の声明の継承を誓言したのである。

しかし、安倍・菅両政権は軍事研究に対する抑制を学者たちが口にすることを「越権行為」だとみなした。軍事研究をするかしないか決めるのは政府の専管事項であって、学者風情の与り知るところではない、と。

政府がどういう長期的な安全保障戦略があって軍事研究に「前のめり」になっているのか私にはよくわからない。「戦略」と呼べるほどのものは持っていないと思う。そのようなものを構想できるだけのスケールの大きな知性は今の政府内部には見当たらないからである。過去8年、能力ではなく権力者への忠誠度に基づいて人事を行い、イエスマンだけを選択的に登用してきた政府にはもはや見るべき人材がいない。それは前政権からの外交の拙劣を見れば知れる。

政治家のマインドセットに生じたある変化

日本の安全保障上の急務は、誰が考えても、隣国との緊張関係の緩和だが、それについては見るべき成果は何一つあげていない。仮にここで日本が軍事研究にリソースを集中する政策を高らかに掲げても、それによって安全保障環境が改善するということはない。隣国はいずれも日本に対する警戒心を高め、自国の軍事力を高め、より非妥協的な対日外交を採り、国内の反日世論を煽ることで日本を牽制するだろう。それがどうして抑止力の向上につながると信じられるのか。

軍事研究に多額の予算を投じれば、国際社会は日本が「戦争も辞さない国」だと見直して敬意をもって遇し、隣国からは恐怖のまなざしを向けられるのではないかというのはある種の人々にとっては心温まるファンタジーであろうが、現実的根拠がない。戦後75年間日本がついにテロの対象にならず、世界で最も安全である国と評価される最大の理由は、日本の

「軍人」がこの75年間他国で一人も人を殺したことがないという事実にある。同胞が「日本軍」に殺されたことを恨み、いつか報復すると決意しているという人が事実上存在しないのである。

その事実を見ないで、日本は戦力が乏しく、平和憲法に掣肘《せいちゅう》されているがゆえに隣国から侮られており、軍事力の増強と憲法改正だけが威信回復の道だというのは何の現実的根拠もないファンタジーである。そのファンタジーを掻き立てることで自民党が長期政権保持に成功しているのは事実であるが、その政権基盤がファンタジーに支えられているということも等しく事実である。

別に私は政治家に向かって「そういうこと」をするのを止めろと言っているわけではない。そんな無体なことは言わない。政治家はファンタジーを梃にして人心を動かすのが仕事である。学者は、冷たく「それは幻想だ」と言い放って、そのような政治的幻想がどうして生まれて、どう機能しており、これからどのように現実を変成するのかを見るのが仕事である。役回りが違うのである。それが「緊張関係」という語に2017年の声明が託したことの実践的な意味だと私は解する。

しかし、いわば学者たちの職業上の常識を確認したに過ぎないこの声明を政府は「政治への干渉」だと解した。学術共同体は相互不干渉の暗黙のルールを破って、政治に干渉したと解した。だから、処罰を与え、「誰がボス」であるかを思い知らせてやろうとしたのである。

政治家が学者を脅して、その意に従わせようとするのは有史以来「よくあること」である。よくあるからこそ「曲学阿世」の語があり、「焚書坑儒」の語がある。しかし、戦後日本では政治の学術への介入は比較的抑制的であった。それがいきなり「誰がボスか」とマウンティングをしてきたのである。これは政治家の側のマインドセットに変化があったと見るのが正しい。

なぜ官邸は政治と学術の緊張関係を維持することを止めて、学術が政治の「下僕」であるべきだというような前近代的なアイディアに取り憑かれ始めたのか。私はこれを単に「頭がおかしいのではないか」と決めつけて話を終わらせたくない。外形的にはどれほど異常な行動でも主観的には必ず合理性がある。その合理性の文脈を見ないと、官邸のこれまでの行動を理解し、次の行動を予測することはできない。では、彼らにとって「学術を下僕とする」ことの主観的には合理的な理由とは何であるか。

それを知るためには、少し歴史を遡る必要がある。

教育制度の「失敗」が「成功」とみなされる倒錯

私たちが出発すべき足場はわが国の学術的発信力がある時期から急速に低下し続けているという現実にある。これは政府の教育政策の「失敗」だと私たちは考えるが、おそらくそれがボタンの掛け違えなのである。これは教育政策の「成功」なのである。私たちの国の政府は学術的発信力が低下することをめざしてさまざまな制度改革に取り組んできたのである。そんなバカな話があるものかと憤る人が多いと思うが、学術的発信力の向上よりもさらに上位の政治的価値があり、今回の任命拒否を含むすべての制度改革はその「上位の政治的価値」に奉仕するためのものであると考えると、見えなかった話が少し見えてくる。

さまざまな国際機関の報告する数値が示すように、わが国の学術的発信力は過去四半世紀ひたすら低下し続けている。それは文科省自身が「わが国の国際的な地位の趨勢は低下していると言わざるを得ない」と2018年の科学技術白書で認めている通りである。

国別の学術的発信力の最もシンプルな指標である学術論文刊行数で、日本は久しく米国に続いて世界2位を維持していたが、21世紀に入ってから先進国で唯一論文数を減らし、最新データ（2018年）では5位にまで転落した。人口当たり論文数ではすでに主要先進国中最下位の16位。過去20年の科学技術関連予算は中国が13・5倍、韓国が5・1倍であるのに比して日本はわずか1・2倍。博士課程進学者数は2000年を100とすると2018年は83。海外派遣研究者数は100から75。よく引かれる数値である学校教育への公的支出の対GDP比では先進国最下位が久しく定位置になっている。

これらすべての指標が日本の学術的生産力の劇的な低下を示している。先進国の中で日本だけが学術的な力においてひたすら衰退傾向にある。となれば、私たちが向き合うべき最初の問いは「なぜここまで力が落ちたのか?」である。第二の問いである「それならばどうすれば研究者たちの知的創成力を再び高めることができるのか?」という問いは私たち学者にとっては喫緊のものだが、日本政府にとってはそうではない。その事実を受け止めよう。日本政府は研究者たちの知的創成力を再び高めることに何の関心もないのである。そのことは、日本人ノーベル賞受賞者たちが、繰り返し「このままではあと20年後30年後にはノーベル賞受賞者は日本からは出なくなる」と警鐘を乱打しても、政府が指一本動かす気配がないことから知れるはずである。

日本における研究活動の拠点はむろん大学である。そして、1990年代から、日本政府はさまざまな制度改革を大学に要求してきた。そして、ご案内の通り、91年の設置基準の大綱化から、2004年の独立行政法人化を経て、2014年の学校教育法改定にいたる文字通り無数の制度改革を通じて、日本の大学の学術的発信力はひたすら低下し続けて来た。

論理的に考えることができる人間なら、それならこれらの制度改革はことごとく「失敗したのだ」と総括するだろう。事実、これらの制度改革が要求してきた終わりなき会議や膨大な書類作成のために研究者が疲弊し果て、研究教育に向けるべき時間もエネルギーも失ったということは大学人なら誰でも知っている。この制度改革のために費やされた時間と労力が本来の研究教育に振り向けられていれば、どれほどの学術的アウトカムがもたらされただろう。その虚しく失われた果実のことを思って胸を痛めている大学人は数え切れない。

しかし、教育行政の担当者たちは「制度改革はもういいから、私たちを研究教育に専念させてくれ」という私たちからの訴えを鼻先で一蹴するだろう。「無謬神話」に居着く官僚たちは決して自分たちの失敗を認めないということもあるけれど、それだけではない。政府は過去四半世紀に及ぶ制度改革を実は「成功」として総括しているからである。不条理な話だが、そうなのである。そうでなければ話の筋が通らない。

私たちが「失敗」とみなすいまの教育制度を彼らは「成功」とみなしている。どこかに決定的なボタンの掛け違えがあるのだ。そして、今回の任命拒否は、日本政府が過去のすべての試みを「成功」と総括したならば、その必然的なコロラリーなのである。

政府がこれまでめざしてきたのは「日本の学術的発信力の向上」ではなかった。当然そうであるはずだという私たちのイノセントな前提そのものが間違っていたのである。政府は大学にどうして「こんな無意味なこと」をさせるのかという問いの立て方そのものが間違っていたのである。政府がしていることには意味があったのである。

それは政治権力と緊張関係を持つ可能性のあるすべての国内的な組織の独立性を奪い、下部組織として支配体制に組み込むということである。彼らにはわが国の学術的発信力の向上より優先する政治目的があり、それを目指し、それには確かに成功したのである。たとえ国力が衰微しても、国際社会における知的威信を失っても、それでも手に入れたい政治的価値があった。発想の切り替えが必要なのだ。教育に関するこれまでの政府による制度改革の目的は日本の学術が国際的に高い評価を得たり、それによって人類の進歩に貢献することではなかったのである。政府が国力の衰微を代償にしても手に入れたかったのは統治コストの最少化である。

国家目標の消失の果てに

なぜ統治コストの最少化というようなテクニカルなことが現政府にとって最優先の政治課題になるのか。それを理解するためには、今の日本にはもう国家目標がないという驚くべき事実を受け入れるところから話を始めなければならない。話の流れを調えるためにここでも歴史を少し遡る。

敗戦後、米軍占領下にあった日本には「対米従属を通じての対米自立」以外の戦略がなかった。これを責めることはできない。とりあえずは宗主国米国の信頼を獲得し、駐留軍の撤収を果たし、国土と国家主権を回復する。敗戦国として望みうるそれが最大の目標であった。事実、この戦略は奏功して、１９５１年のサンフランシスコ講和条約で形式的に国家主権を回復し、68年には小笠原が、72年には沖縄が返ってきた。「対米従属は引き合う」というのはその時期の日本人の多くにとって経験に裏づけられた確信であった。

その後、高度成長期を迎えて、日本は世界第二の経済大国になる。１９８９年にマンハッタンのロックフェラーセンターを三菱地所が買い、コロンビア映画をソニーが買ったときが成功の絶頂だった。バブル期の日本人の病的なまでの多幸感の下には、桁外れの金を積めば、アメリカから国家主権を買い戻せるかも知れないという（口に出されぬ）期待があった。それを果たしたら世界史的な偉業である。バブル期のビジネスマンたちの高揚感の裏にはそういう妄想があったと私は思う。

だが、バブルが崩壊して「金で国家主権を買い戻すプラン」ははかなく潰れた。その後に登場してきたのが小泉純一郎である。この局面で日本は政治大国化することで国際社会における評価を高めようとした。米国が主導する戦争に積極的にコミットしようとしたのはそのためである。

だが、2005年、国連常任理事国として国際社会に立つという野心的なプランはアジア諸国の支持を得られなかったことで潰えた。対米従属している限り、国際社会は日本を自立した政治大国としては認知してくれないという当たり前の事実にその時日本人ははじめて気がついたのである（遅すぎる）。

2009年の政権交代で鳩山政権は代償として差し出すものなしで、米国にストレートに国土回復を要求した。これは戦後日本の対米従属戦略そのものの有効性に疑義を呈するものだったから、政官財メディアの「対米従属マシーン」が発動して、たちまち鳩山政権は瓦解した。

そして、最後に登場したのが安倍晋三と菅義偉である。このフェーズの特徴はもう何も国家戦略がないということである。安倍政権は「対米自立」を目標に掲げることそのものをやめた。諦めたというのではない。もうすでに日本は自立しているから、改めて自立する必要がないと強弁したのである。

たしかにすでに対米自立を果たしているのだとすれば、国家主権の回復が国家的目標になるはずがない。米軍基地も日本の国家主権の発動として、米軍に頼んで「いてもらっている」のだから、そもそも返還を要求する筋合いではない。北方領土については着々と領土回復交渉は進んでいる。中国でも、北朝鮮でも、韓国でも、隣国とのタフな交渉にはすべて成功している。そういう話に書き換えたのである。すでに主権国家として自立をしていて、隣国からは畏れられ、国際社会からは敬意をもって遇されていて、世界の指導的立場にすでにあるという話にしてしまえば、対米自立とか主権奪還とか国土回復とかいう国家目標はすべて消失する。

日本国憲法前文には、「国際社会において、名誉ある地位を占めたいと思う」という希求が書き込まれているが、2012年の自民党の改憲草案では、日本は「今や国際社会で重要な地位を占めており」という成果が書き込まれている。すでに重要な地位を占めている国がどうしてさらに「名誉ある地位」を求めて努力する必要があるだろうか。

この8年間、首相と官房長官が何を問われても「問題ない」「適切に行っている」と答えてきたのは、単にその場しのぎの遁辞《とんじ》を弄しているというだけではなく、戦略的にそうしてもいたのだと思う。システムのどこかに瑕疵《かし》があるなら、修正しなくてはならない。問題があるなら、解決しなければならない。でも、システムにはいかなる瑕疵もなく、あらゆる問題はすでに解決されているなら、改善努力そのものが必要なくなる。ある時点で、日本政府は国際社会において「名誉ある地位」を占めるための努力を放棄して、深い自己満足のうちに安らぐことに決めたのである。

「今の日本にはもう国家目標がない」というのはそのことである。国際社会で実際にどう評価されるかということに政府も国民ももう関心がない。国民が「日本は国際社会から尊敬され、隣国からは畏怖されている」というメディアが垂れ流す政府発表を信じる（か信じるふりをしている）限り、政権はいつまでも安泰である。

国力はひたすら衰微している。ふつうはその責任を為政者がとらなければならないのだが、「国力はひたすら向上している」という嘘を広報メディアが宣布して、多くの国民がそれを服用することで精神の安定を得ている限り、為政者は国力回復の手立てについて頭を悩ます必要はない。コロナウィルス対策で政府がデータを公開しないという話を上に書いたが、「感染症の抑制のための国際的な集合知の形成に寄与する」ことを政府が拒絶しているのは、「感染症の効果的な抑制そのものよりも「効果的に抑制しているように見える」ことの方が優先するからである。

「マーケットを持たない株式会社」のごとく

今の日本政府は「国際社会における客観的評価」よりも「国内における内閣支持率」を重視している。これは喩《たと》えて言えば「マーケットを持たない株式会社」のようなものである。ふつう経営判断の適否はマーケットが下す。商品やサービスが市場に好感されなければ、売り上げが落ち、収益が減り、株価が低迷して、経営者は交代させられる。「マーケットは間違えない」という信仰箇条を株式会社ではプレイヤー全員が共有しているからである。

しかし、今の日本には政策の適否を判断する「マーケット」に相当するものが存在しない。実際には安倍=菅政権はさまざまな外交内政で失策を重ねて、日本の国力はひたすら下がり続けているのだけれど、その事実は「マーケットの評価」とはみなされない。政府にとっての唯一のマーケットは選挙だからである。どんな失策を重ねようと、議席占有率というマーケットシェアが過半数を超えている限り、それは「マーケットが経営判断を支持した」という話に回収される。さっぱり商品が売れず、株価も下がり続けているのだが、それを気にしない従業員たちの社内人気投票で一位の経営者が経営を続けている会社というものを想像して欲しい。それが今の日本である。この企業の経営者にとって最優先の課題は業績の回復ではない。それはもう諦めているのである。それより、「業績は回復している」という嘘を従業員たちに信じ込ませることの方が優先する。そのためには、「それは嘘だ」とにべもなく伝える者を社内に置くわけにはゆかない。

だから、彼らは日本国内の組織をすべて上意下達の組織に改変することにあれほど熱中するのである。上位者からの指示に誰一人疑念を呈することなく、トップの指示が遅滞なく末端まで伝達され、現場には一切自由裁量権がなく、何か起きれば全員が判断停止して「上位者の指示を仰ぐ」ような仕組み、それが「マーケットを持たない株式会社」の経営者が切望するシステムである。ここではもう何を創り出すかは問題ではない。どうやって誰一人トップに逆らわないような仕組みを作り上げるかという管理コストの最少化が問題になる。トップとは別の価値観を持ち、別の「ものさし」でものごとの理非や適否を判断する者たち、「異物」や「他者」はこのシステムには存在することが許されないのである。

過去四半世紀日本国内で官民一体となって進行させてきたのは「そういうこと」である。そして、まことに残念ながら、「管理コストの最少化は絶対善である」という命題に国民は抗弁しなかった。そうだと信じ込まされてきたからである。組織が何を創り出すかよりも、組織がどう効率的に管理されているかの方が優先順位の高い課題だという考え方は長い時間をかけて日本人に刷り込まれてきたのである。

事実、大学では研究教育を実際に行うために用いるべきリソースが「研究教育の成果を上げるシステムはどうあるべきかを議論すること」に優先的に分配された。限りあるリソースを「限りあるリソースをどう効率的に分配するか」という議論のために使い果たしてしまったのである。
日本学術会議の任命拒否は、このような「統治コストの最少化」という国民的な目標の直接的なコロラリーなのである。だから、任命拒否を支持する自民党議員たちは、学術共同体はどのような価値を生み出すべきかという議論をネグレクトして、全員が「日本学術会議はどのような組織であるべきか」という議論に集中している。でも、それを「論点ずらし」と批判するのは実は当たらないのである。彼らにはそれしか論点が見えていないからである。もう日本政府とその支持者にとっては、ある組織がどのような「よきもの」を生み出すのかということは「どうでもいい」のである。その組織がどのように効率的に上意が下達するように組織されているか、組織マネジメントだけにしか彼らは関心がないのである。そして、これこそが国民的同意の下に進行している日本社会の全面的な劣化のかたちなのである。

最新の世論調査では、18〜29歳の有権者の80%が菅政権を支持しており、首相の日本学術会議新会員の任命拒否についても、18〜29歳では「問題だとは思わない」が59%に達していると聞いても、私はもうそれほど驚かない。

酔生夢死から覚醒する道は?

冒頭で私は政府が日本学術会議の人事に干渉するに至った最大の理由は、軍事研究の抑制をうたった声明を「政治への干渉」と政府が受け止めたせいだと書いた。これまで70年間「政治への干渉」だとみなされてこなかった行為を政治の側が「干渉」だと受け止めたというのは、彼らの側の「干渉」の定義が変わったということである。定義が拡大されたのである。これからは、学者たちが政府に対して異論を持つ場合、それは「学術の政治への干渉」とみなす、と。

現在のところ、政府からの処罰は日本学術会議人事への介入にとどまっているが、自民党議員たちの観測気球的発言を徴するならば、いずれ国公立大学教員は当然として、税金の助成を受けている私学の教員にも政府批判の権利がないと言い出す者が出てくることは明らかである。ただ、別に彼らは「ファシズム」とか「独裁制」とかいう政体をめざしてそうしているわけではない。政治家も官僚もそれほど野心的ではないし、国民の過半もそれほど劇的な政治的変化を求めているわけではない。ただ子どもの頃から刷り込まれ、バイト先や職場でも繰り返し教え込まれた「管理コストの最少化は絶対善である」「何をクリエイトするかよりも、どうマネージするかの方が優先する」という信仰箇条をただ無反省的に繰り返しているだけなのである。

私たちは今日本学術会議問題によって露出した日本社会の暗部に直面しているわけだけれども、そこに見られたのは、何らかの野心的な政治目的を達成するために計画的になされている事業の一部ではないというのが私の考えである。官邸はただイエスマンで埋め尽くされた社会を作り出したいということしか考えていない。そのような社会を作り出したあとに、それを用いて何を成し遂げたいのかについては何も考えていない。そもそも「成し遂げるべきいかなる国家目標もないほどに日本は成功した」というファンタジーを語り続けたことで自民党政権は安定的な基盤を築いたのである。

日本国民がこの酔生夢死から覚醒する日は来るのだろうか。

9

学術会議だけの問題ではない

三島憲一

三島憲一（みしま・けんいち）
1942年東京都生まれ。東京大学人文科学系大学院博士課程中退。専攻は社会哲学、ドイツ思想史。大阪大学教授、東京経済大学教授などを歴任。大阪大学名誉教授。著書に『文化とレイシズム――統一ドイツの知的風土』『ニーチェ以後――思想史の呪縛を超えて』（共に岩波書店）、『戦後ドイツ――その知的歴史』（岩波新書）、『ベンヤミン――破壊・収集・記憶』『ニーチェかく語りき』（共に岩波現代文庫）などがある。

根拠と理由を挙げての議論が民主主義の条件

菅総理による学術会議の会員任命拒否の問題は、学術会議だけの問題ではない。もちろんのこと、学術会議から推薦された会員候補者を、官邸内部でのひそひそこそこそで任命しなかったのは、政治的挑発であるとともに、あきらかな違法行為であり、それとして追及すべきには違いない。日本の裁判の実態を考えると勝ち目は乏しいが、それでも行政訴訟を起こすべきものである。ひょっとして一審では定年直前の裁判官が政府にとって驚天動地の判決をくだすかもしれない（＊1）。

だが、今言ったように、これは単に学術会議だけの問題ではない。その理由の第一は、政府が任命拒否の理由を明かさないことだ。いわば二重の拒否だ。軍事研究に対する学術会議全体の姿勢への見せしめ、当該の方々が折に触れて政府に批判的な発言をされていることなどいくつか思い浮かぶが、なにせ人事を口実に理由については「さしひかえさせていただ

＊1　少し次元は異なるが、2020年11月13日、ベルリンの行政裁判所は、メルケル首相が親しいジャーナリストとオフレコで行った懇談会の内容を公表しないのは、報道の自由の原則に反するのですべて公表せよ、という、招かれなかったベルリンの地元紙の行政訴訟を認め、公開命令を出した。一審なので、今後はわからないが、民主主義の維持にはこうした手続きが必要だ。日本なら、こうした訴訟を起こすこと自身が「常識破り」だろう。裁判所も多分受理しないと思われる。

く」というのだから困ったものだ。ひと昔前の枢密政治だ。野党が攻めあぐねるのも致し方ない——その割には官房副長官で元警察官僚の杉田和博の存在をあぶりだしたのだから、すごいものだ。

いずれにしてもおよそ民主主義にあっては、根拠と理由を挙げながら言論を戦わすのが、暴力や暴力まがいの暗黙のプレッシャー抜きにことが進む絶対の条件である。アメリカの分析哲学者セラーズの言う「理由の空間 space of reasons」でこそ民主主義の政治は生きているはずだ。だからこそ議論は、「今日は勝ってやる」という卑しい魂胆で行なわれるのではなく（残念ながら学会のシンポジウムでもそういうのが見られるが）、いやたとえそういう「売られた喧嘩は買う」式の勝気に駆られている場合でも、理由を戦わすことが、そうした個人的怨念や憎悪、功名心や勝気からある程度離れてことが進む条件なのだ。議論すること自身が私情を抑えうる条件なのだ。ベンヤミンではないが「真理の炎は一人一人を焼き尽くすのだ」。特に学術においては理由と根拠こそが生命なのだから、人事を口実に理由を言わないのはだめだ。

民主主義の体制を守るはずの政府が自分たちの決定の理由を、ご主人様であるはずの国民に向かって言わない。そうやって民主主義体制の礎石を外す作業にやっきになっている事態こそ問題だ。反対者を暴力を使って逮捕・拷問・処刑という民主主義の攻撃的な破壊ではなく、理由の拒否による破壊は、暴力的な破壊よりも、じわりじわりと、そして多くの国民の気づかないところで有効的に進む。理由など言わずに、上からの指令で国家を動かす——これこそが首相およびその取り巻きの狙いであり、これこそが問題だ。

このことは、「学術会議だけの問題ではない」という第二の理由につながる。どうやら「総合的・俯瞰的に」見て政府による民主主義の空洞化作業は、多くの選挙民に容認されているようだ。あるいは、軽視されているようだ。特に若い世代の関心を引かないようだ。メディアや公共の言論の世界では、それ相応の批判の嵐が政府に向かって吹いたし、今も強く吹いているが、具体的な選挙民となると、各種世論調査を見ても、景気の悪化やモリカケサクラのような明白な不祥事、いや汚職と比べて、支持率はそれほど激しく低下していない。

ここには民主主義を支持する理由の相違があると思える。思い出されるのは、統一前のドイツで、それなりによく機能している戦後の西ドイツの民主主義とはいえ、多くの市民は民主主義を演じていると経済的にもうまくいくらしいから支持しているだけだ、という批判的な分析があったことだ（＊2）。つまり、人権や三権分立といった規範よりも、儲かるからというお財布民主主義にすぎない、というのだ。それが次第に民主主義の基本的な理念への同意による支持にかわりつつある、という希望的診断も伴っていた。

この状況を見て、東ドイツを呑み込もうとする西ドイツのやり方にハーバーマスが「ドイツ・マルク・ナショナリズム」と看破したことは今でも覚えている人がいるだろう。このと

＊2　H. Honolika, Die Bundesrepublik auf der Suche nach ihrer Identität, München 1987.

ころのドイツの動きを見ていると、お財布民主主義と規範的民主主義の対立・葛藤のなかで、規範性が土俵際でやっとのところで耐えている感じが拭えない。経済が機能するゆえの民主主義への支持と規範重視のゆえの民主主義。両者の抗争は、日本でも同じだ。前者なら軍備拡張は場合によっては賛成であり、後者なら人殺しの道具にお金を使うのは、自分の財布の問題と別に拒否する。

いや金儲け民主主義と信念民主主義の抗争どころか、格差の増大のゆえに、苦しい生活になればなるほど政治に無関心、学術会議のはなしなどは知る余裕もない、知っても興味はない、貧しくてもいろいろ面白いことはそれなりにある、ということになりつつあるようだ。生活の苦しさから暴動が起きたり、政権がひっくり返ったりするのは、かつてのマルクス主義系の運動論が今でもたいせつにしている神話だが、もはやすべての神話が辿る運命に見舞われているようだ。格差の増大は、民主主義の活性化ではなく、その礎石はずしに大いに役立っているようだ。

学問と民主主義の親近性が見える

こういったかなり危ない無関心がひろがっている反面、学術会議の任命拒否の第一報に、おたがいにたいした相談もせずに、久しぶりに大きな抗議の声を上げた大集団がある。研究者集団、それも特に人文・社会科学にたずさわる者たちだ。さっそくネットでの抗議署名をはじめた古川隆久日大教授（日本近代史）によると、２０２０年10月3日の署名運動開始から48時間で10万筆、同月13日の締め切りまでに14万筆が集まったそうだ（＊3）。また、時を移さず抗議や批判の声明を出した学会（手続き上理事会による声明とした学会も含めて）は、人文系だけであっというまに二百を超えた。現代の政治に無関係というか、まさに文人墨客の会ともいえる学会もこのリストには多く上っている。もちろんこうした会の存在はきわめて重要で、抗議した学会のリストを見るだけで、その多様性に個人の知の小ささを思うと同時に、「いろんな分野と研究者がいるものだ」と誇らしくも感じる。なかには、「人権などは、近代社会の産んだ泡だよ」と嘯くハイデガー系の研究者の集まりや、「大文字の歴史は終わった、批判の使命も終わった」とシニカルな自己満足に耽っていたポストモダン系の論者たちも批判に加わっている。どちらかというとあちらの方と思えるような修験道関係の研究会組織も名を連ねている。私の偏見だった。ハイデガー研究者もポストモダンの論客も修験道の愛好者も、理論的もしくは思想的立場とは別に政府が越えてはならない一線の感覚は共通しているようだ。

どうしてだろうか。ここにこそ学問と民主主義の親近性、もしくは相互の密接な関係が見

＊3 https://mainichi.jp/articles/20201014/dde/014/040/012000c（２０２０年11月24日参照）。

えると私は考えたい。テクストを読み、解釈し、その解釈をぶつけ合うのを生業にする分野、あるいは社会の動きや変化をさまざまな角度から検証し、分析し、その構造変化について論じ合う分野、さらには他の地域や文化を、その歴史も含めて研究し、言語の習得も含めて、相手のパースペクティブに参入することを目ざす分野、そのどれをとっても言語によって理由をあげ、あるいは根拠を展開せざるを得ない。それを避けたり、拒否したりすることは学問の拒否である。そこでは老大家も「駆け出しの」大学院一年生も基本的には対等である。もちろん、学問の世界は不思議なことに、学問とまったく無縁な権威主義もはびこる世界で（先輩後輩の序列の厳しい官僚の世界ほどではないと思うが）、「俺はこの分野を20年もやってるんだから」などと根拠にならない根拠が挙げられることもあるが、議論参加者の誰もが、そんなことは通用しないことは本当はわかっている。蓄積はもちろん重要だが、権威ぶるのはナンセンスだ。民主主義の社会では、学者にはその個人的業績のゆえに名声が伴うのであり（それに恵まれるのは、不動の4番バッターと同じで、残念ながらほんの少数である。しかし、8番バッターもいなければ4番の存在はない）、その地位のゆえの権威はなんの意味もないのだ。そして名声と権威は根本的に性質が異なる。

そして、ジェンダー論のように、今まで多くの男性研究者が気づかなかった側面を指摘されれば、たとえ時間はかかっても認めていくのもそのゆえである。世界がこのままでいいとは思っていないのが人文・社会科学を支えるメンタリティだ。

そこにはいわば「ならわしとしての民主主義」とでもいうものが働いている。対等性や自由や思わぬ展開への開かれた態度、そして多様なパースペクティブを方法的に取ってみる習慣などである。いわば「業界」ごとの怒りが噴出したのは、そのゆえであろう。ふだんの研究と雑事にかまけて眠っていた正義感が突然目覚め、立ち上がった。さらに「任命」条項の解釈変更を官邸と法制局の間で――国会にはかりもせずに――こそこそやっていたというので、三権分立に反する事態が通用していることにも怒りの炎が向いた。官邸の役人たちとしては、すでに前から解釈の変更もあり、事前協議もあったのだ、という論理で火消しに走ったのだろうが、火消しのバケツに入っていたのは水ではなく、油だった――そのことにも気がつかないのは、あほだからではなく、民主主義への感覚が麻痺しているからで、学者集団の怒りは頂点に達した。滝川事件や平賀粛学、そして東京帝大経済学部問題の細部は知らなくても、日本の今も存在している上層部が平気でとてつもないことをしていたあの時代の記憶は消えていない――もちろん、隠れトランプと同じに、こうした学者共同体にも隠れ菅や隠れ安倍が結構いることは承知の上でだが。

多くの学者は普段は、学術会議にはほとんど興味を持っていない。おそらくはスイスやタイのプロサッカー・リーグと同じで、存在は知っていてもほとんど興味をもっていない。かく言うわたしもそのひとりだ。そういう彼らが一気にまとまって怒った。先に触れた古川氏でも、インタビューで述べているとおり、これまでは政治活動にはほとんど手を染めてこなかったそうだ。そして多くの研究者が、通常ならば、いささか気恥ずかしくて使いにくかった「学者共同体」や「真理の探究」といった表現も、あまり無理せずに使える状況が一気に到来した。形而上学的な「真理」でなくても、「本当のこと」と「そうでないこと」との区別、「通ること」と「通らないこと」の、必ずしも簡単ではない区別にふだんから腐心している以上、当然だ。学術会議だけの問題ではない第三の側面だ。

ドイツにおけるアカデミー事情

菅首相と彼を支える官邸官僚による拒否理由の拒否、一般選挙民の関心の相対的な欠如、研究者や学者の共同体による全面的な抗議、こうしたことを踏まえて、それでは、他国、といっても筆者が多少なりとも知っているドイツで、日本の学術会議に相応していそうな、いわゆるアカデミーの事情はどのようになっているのか、それについて瞥見しておこう。

ドイツには各地に総計七つのアカデミーがある。ビスマルクによる統一（1871年）以前は多くの国に分かれていた歴史が背景にあるとともに、戦後の東西分裂も無視できない理由だ。最近では2004年にハンブルクにも生まれたが、有名なのは、ライプニッツに始まるプロイセン科学アカデミーだ。ノーベル賞だけで80人というから、一時期まで世界の科学者がドイツを見ていたのも、そしてドイツ語が必須だったのも当然だろう。カントも客員会員だった。哲学を学んだ者なら誰もが知っているアカデミー版のカント全集はここで編纂されたものだ。ところがヘーゲルは、主流のドイツ歴史学派との対立のゆえに入れてもらえなかった。歴史法学のサヴィニー（東大法学部のドイツ法学系ではいまでも神格化されているようだが）と神学者のシュライエルマッハーが妨害の張本人だ。アカデミーといってもこの程度のもので、了見の狭い話は珍しくない。とはいえ、19世紀後半からの議事録（学習院大学所蔵）を見ると、ある会合ではディルタイの隣りにヘルムホルツが座り、司会は有名な神学者のハルナックと錚々たる名前が並んでいる。出席者には、ドイツ医学の頂点に君臨するフィルヒョウの名も見える。もっとも彼は公衆衛生の概念を確立しながらも、新説を潰す権威主義の権化でもあった（＊4）。ちなみに神学者ハルナックは、森鷗外の『かのやうに』で、天皇制の抑圧に呻吟する主人公の秀麿が羨ましげに、「学問の自由」が可能な国の代表として扱っているが、このハルナックの建言によりカイザー・ヴィルヘルム研究所ができて、そこでプロイセン・アカデミー会員のオットー・ハーンが核分裂を発見した。この研究所は現在マクス・プランク研究所と名を変えて、さまざまな分野でドイツの主導的研究所だ。哲学者の

＊4　産褥で多くの女性が亡くなる理由を、自らが概念を作った「細菌」の感染に求めたゼンメルヴァイス・イグナーツ（発音はドイツ語読み）の学説をフィルヒョウが学会を総動員して否定したのは有名だ。またゼンメルヴァイスが説いた手洗いの重要性を、フィルヒョウが否定したのは、まさにコロナ禍では皮肉そのものだ。アカデミーも権威に溺れるとろくなことはない。

ハーバーマスも現代文明研究のためのマクス・プランク研究所の所長をしていたことがある。

もうひとつ重要なのは、ミュンヘンのバイエルン科学アカデミーだ。両方とも絶対主義下に学問と芸術を愛し、奨励した君主が始めたものだ。プロイセン科学アカデミーは1990年のドイツ統一後少し名前を変えて再出発したが、大きなプロジェクトとしてはマルクス・エンゲルスの歴史的批判的全集の編纂で、日本の学者も参加している。バイエルンの方はマクス・ヴェーバーの、これも後から文句のつけようのない完璧な全集が大きなプロジェクトだったが、ほぼ完結した。哲学者シェリングの全集編纂も重要だ。

面白い逸話があるのは、1909年に生まれたハイデルベルク科学アカデミーだ。この組織は、トラクターや農耕機械で大儲けしたある企業家の寄付を基金にできたもので、当時ハイデルベルク大学で神学を講じていたトレルチはそれなりに虚栄心が強かったのか喜んで参加したのに対して、大学の僚友だったマクス・ヴェーバーは、「トラクター会社？　冗談じゃない。俺の水準以下だ」と言って参加を拒否したそうだ。今となってはどっちが虚栄心が強かったのか疑わしいが、いずれにせよ、本来なら理由と根拠だけでフォーラムに立つはずの学者がいかに権威に弱いかもよく示す話だ。

他にはデュッセルドルフにあるノルトライン＝ヴェストファーレン州のアカデミーでは1968年以来延々とヘーゲル全集の編纂が進められていて、ほぼ終わるところのようだ。このようにアカデミーは、専任の研究員（会員ではない）が何十年もかかる大きな仕事に従事している。その費用は州の予算、さまざまな財団の支援などだ。

どれも日本学術会議と違って、それなりに長い歴史を背景にしているだけに、軍事研究や核兵器、あるいは原発、そもそも平和政策についての議論は乏しかった。カントに原爆反対の声明がないと批判しても仕方ないのと同じで、そのあたりは大めに見る以外にすべがない。どちらかといえば、18・19世紀の市民社会とその権威主義、国家への従順な態度が骨の髄まで染みついた、基本的には功なり名を遂げた学者の談話会、サロンだった。優秀な学者と御用学者の区別を知らない幸福な時代だったと皮肉な見方もできる。

1933年に政権を握ったナチスがこうしたアカデミーに圧力をかけ始めたのは、政権獲得の数年後だった。ナチスはナチスでもっと緊急な「画一化」という「改革」の仕事があった。アカデミーがそれほど重要でない、いわば御隠居さんの集まりだったことの証左でもある。もちろん、ユダヤ系のアインシュタインなどは政権獲得とともに所属していたプロイセンとバイエルンのアカデミーから脱会し、多くは亡命した。そして、ベルリン、ミュンヘン、そして後で触れるがハレにあるレオポルディーナなどのアカデミーは、上からの「改革」要求にろくに抵抗しなかった。ユダヤ人は排除され、ナチスの人種論を唱える学者たちが会員に迎えられた。

さらに悲しいのは、外国からの批判の弱さである。こうしたアカデミーは学術交流のためにアメリカ、イギリス、フランスなどにいわゆる客員会員（Korrespondierende Mitglieder 連携会員と訳すべきか）を持っていた。ユダヤ人の会員資格剝奪を迫る当局にやわらかく反対する口実が「そんなことをしたら、諸外国の有名な客員会員が抗議してやめてしまう」というのだ。ところが、ところがである。やむをえず、ユダヤ人会員を排除しても、西側民主主義諸国の会員で自発的に脱会したのは数えるほどだった。有名なアカデミーの会員にはアメリカやイギリスの学者もとどまっていたかったようだ。名誉とか権威に弱い点はどこも同じで、東洋の隠者の思想でも少しは学んだ方がいいと思うほどだ。もっとも竹林の七賢人に代表される世捨て人たちも、お上からのお呼びがかかると馳せ参じたらしい。中国の隠者たちの骨のなさと変わり身の早さには先に名前の出たマクス・ヴェーバーも『宗教社会学』で驚いているから、あまり意味はないかもしれない。

学術会議問題とも密接に関わる

目下の日本学術会議問題との関連で重要なのは、ハレにあるレオポルディーナというナショナル・アカデミーである。１６６２年に創立され、神聖ローマ帝国の皇帝の名を冠したこのアカデミーは、元来は自然科学系の学者の集まりだったが、今は古代エジプト研究から日本学までありとあらゆる分野にまたがっている。旧東ドイツ地区にあったために重視されなかったが、統一後だいぶ経った２００８年に、ドイツ中の七つのアカデミーのなかで、率先して政治と学問の交流を企てるナショナル・アカデミーとなった（こう決まるまで、裏ではアカデミー同士の無意味なつばぜりあいもあったようだ）。この時代の我々の生存に関わるアクチュアルな問題、例えば生物多様性とエネルギー転換、さらには温暖化、そして高齢化や幼児教育、また安全保障などについてのプロジェクトが並んでいる。諸外国や他の文化地域における学問の位置づけなどについてのシンポジウムもなされ、筆者も招かれて講演したことがある（＊5）。このことを言うのは、この時のテーマが、日本における学問の成立と展開がいかに国家目的に、そして産業に乱用されてきたか、まさに今回の学術会議問題と密接に関わっているからである。

ちなみにこの組織の予算は、80パーセントが連邦政府、残りの20パーセントがハレ市のある州の政府負担となっている。人事はすべて内部で決定する。「学問の自由」は自明である。ドイツ統一後には、ナチスへの迎合によって犠牲となった方々を悼む石碑が玄関近くに建てられ、そうした過去を徹底的に問い返す大きなシンポジウムが行われたのも、まさに学問の自由を守るためであった。学問は自分の肉に切り込む苦しさ、つらさも避けてはならないし、避けるならば、自由はすぐに削減され、メンバーはたちどころに順応することを、どのアカ

＊5　Mishima Ken'ichi, Wissenschaft im Dienst von Staat und Wirtschaft, Wissenschaften im interkulturellen Dialog. Sciences in the Intercultural Dialogue. Stuttgart 2017, S. 143-162.

デミーもいやというほど思い知らされている。日本で学術上の重要な組織、例えばそのどれも脛に傷がある国際交流基金、日本学術振興会、そして慶應、早稲田、東大、京大をはじめとする通称「一流大学」が、こうした過去を実名を挙げて問うたシンポジウムを主催した話を筆者は寡聞にして知らない。多くの場合、こうしたシンポジウムは一般市民も聴講できるし、多くのアカデミーの催しはそのようなものとして企画されている。コロナ禍の皮肉でもあるが、目下これらの講演会、討論会などは世界中から視聴可能でもある。

こうして見るとわかることがある。学問の自由、学者共同体の自由は、一方できわめて脆いものだということがひとつであり、他方で、だからこそたえざる自己反省、自己のあり方への批判的意識と言ってもいいが、そうした眼差しと、それを広く一般社会と共有することの必要性だ。それがないと唯我独尊・夜郎自大の象牙の塔の話として、一般の関心を引かなくなる。この点はアカデミーだけではなく、大学にもあてはまる。

譲っていいことと、譲ってはいけないこと

「学術会議だけの問題ではない」というテーマで書いてきたが、最後に今回の一連の動きに伴う危惧を表明しておきたい。政府に反対し、軍事研究を牽制することが気に入らないという首相官邸および自民党、さらには霞ヶ関の本音は今に始まったことではない。私も199

0年ごろ、ある非公式の会議で、その後大使にまでなった人が「人権、人権という連中は嫌いだ」と言っていたのを覚えている。もっともそういう上級国民の方でも、自分のお嬢さんが教授からセクハラを受けたら人権の名前で大学に怒鳴り込むはずだが。

ただ、こうした本音は、あくまで内輪の場でのことであり、公然とはそうした本音は言わなかった。しかし、彼らから見たらその本音を表に出せる時期が到来したという読みがあるのだろう。どうしてだろうか?

かつては反対派の「雑音」にも耳を傾けないと、全体がうまくいかないという感性が彼らの少なくとも一部にはあった。だが、経済成長がとまり、社会内部の格差が激しくなり、少なくとも国民の3分の1が底辺化し、それによって落ちていく人々も、その責任を担うはずの政治の動きに、逆説的にも興味を失っていく。

その中で支配層は、自分たちの利益は徹底的に確保しながらも、日本を浮揚させようと焦り、あがいているが、そのための施策はほとんど全部が裏目に出る。結果として、自分たちこそ、日本を支え、担い、そして体現しているという思い込みを生む。その反面は、自分たちを支持しない人々の声に耳を傾ける必要はない、という暗黙の合意である。もともとが、辺野古であれ、リニア新幹線であれ、オリンピックであれ、カジノであれ、巨大プロジェクトでなんとか経済を維持しなければならなくなった状況で、反対派や批判派は無視せざるを得ない。秋葉原の選挙集会で当時の安倍首相が放った「こんな人たちに負けるわけにはいきません」がその典型だ。「こんな人たち」に学術会議も含まれるのだ。

自分たちこそ日本のために働いているというこの妄想は、妄想として機能するためには、「こんな人たち」、つまり敵を必要とする。次から次へと必要とする。すでに朝鮮学校がそうだった。学術会議もそうなったようだ。その次は、大学の「なんの役にも立たない」純文化系の学問かもしれないし、「反日教授」かもしれない。フェミニズムも狙われそうだ。「危険思想」を扱う若手の採用への危惧として現れるかもしれない。敵はまた一部のメディアかもしれない。たえず敵を作って次第に急進化していくだろう。この動きを末端で止める必要がある(＊6)。

学術会議任命拒否問題に関して、橋下徹氏などは、「個人がなにを読み、なにを研究しようと自由ではないか、問題ない」という趣旨の発言をしていた。菅総理の国会答弁にも「今回の拒否が学問や思想の自由を阻害するとは思わない」といった発言があった。プライベートな書斎の自由ではなく、制度としての自由を彼らに分かってもらおうと思っても無駄だろう。だが、そのつど新たに敵を作り出すのが彼らのやり方だ。もちろん形式民主主義の中で特高による逮捕などはない。自由な社会を演出しながら、その裏で反日狩りが、あるいは文化系狩りが進行しないとはかぎらない。

明治の半ば石川啄木は、

「赤紙の表紙手擦れし国禁の書《ふみ》を行李《かうり》の底にさがす日」

と歌った。

マルクスかクロポトキンの本のことだろうが、行李の底に隠しておかねばならなかった。当時は書斎の自由も危なかった。隠しておいたうちに、どの行李だかわからなくなった諧謔もいいが、現代では、蔵書を隠す必要はないかもしれない。むしろもっと怖い状況を永田和宏氏は、こう詠む。

「権力はほんとに怖いだがしかし怖いのは隣人なり互ひを見張る」

ほんとに怖いのは監視と忖度である。すでに琉球大学の教員で石橋湛山賞を受賞された山本章子氏は、政府批判の文言の入った受賞スピーチを大学のホームページに掲げたところ、大学からもう少しトーンを落としてくれないか、と注文があったそうだ（＊7）。1933年以降、ドイツのアカデミーが陥った穏やかな迎合の罠は今でも健在だ。菅総理の論法を逆用すれば、世の中には譲っていいことと譲っていけないことがある。なぜなら、「自由と真理のあいだには本質的な繋がりがあり、真理についての思い違いは、いかなるものであれ、同時に自由についての思い違いでもある」（ヘルベルト・マルクーゼ）からだ（＊8）。

＊6　川崎市ではじまったヘイトスピーチ条例などは、その素晴らしい成果だ。
＊7　https://www.okinawatimes.co.jp/articles/-/663952（2020年11月24日参照）
＊8　このマルクーゼの有名な言葉は、ハーバーマスも『真理と正当化』（三島・大竹・木前・鈴木訳。法政大学出版局）の第7章の冒頭で引いている。

10

「学問の自由」どころか「学問」そのものの否定だ

永田和宏

永田和宏（ながた・かずひろ）
1947年滋賀県生まれ。歌人・細胞生物学者。京都大学理学部物理学科卒業。京都大学再生医科学研究所教授、京都産業大学総合生命科学部学部長などを経て、現在JT生命誌研究館館長。京都大学名誉教授、京都産業大学名誉教授。読売文学賞、迢空賞ほか多数受賞。2003年より宮中歌会始詠進歌選者。2009年紫綬褒章受章。2017年ハンス・ノイラート科学賞受賞。著書に『タンパク質の一生』（岩波新書）、『生命の内と外』（新潮選書）、『知の体力』（新潮新書）、『象徴のうた』（文藝春秋）、『近代秀歌』『現代秀歌』（共に岩波新書）、歌集に『午後の庭』（角川書店）など十四冊がある。日本学術会議細胞生物学研連（15、16、18期）、日本学術会議連携会員（20期～23期）。

「六〇兆の細胞よりなる君たち」と呼びかけて午後の講義を始む

永田和宏　歌集『風位』

私の専門は細胞生物学である。京都大学でも、後年赴任した京都産業大学でも、細胞生物学を講じていた。講義の一回目は、私たち人間は、いったいどのくらいの数の細胞からできているのかというところから、話を始めるのが常であった。

学生に質問する。なかなか答えられる学生がいない。教室全体に問いかけると、何人かの手があがり、「60兆個」と答えてくれる。しかし、それだけでは単なる数、情報量に過ぎない。私はサイエンスに興味を持ってもらうためには、驚きと感動が不可欠と考える人間であり、正解を答えた学生にすぐに畳みかける。「それじゃあ、君の細胞を一直線に並べたら、どのくらいの長さになる?」

そんなばかばかしいことを考える学生はほぼゼロである。誰も答えられない。しかし答えは簡単。一個の細胞の大きさは10ミクロン程度だから、その60兆倍で長さは出るはずなのである。答えはなんと60万キロメートル。しかし、これもこれだけでは単なる数に過ぎない。大きな数だとは思うが、驚くほどのことではない。しかし、これはじつは地球を15周するだけの長さなのだと言うと、教室がちょっとざわめく。

一個の卵子に、たった一個の精子が侵入し受精する。それがわずか20年ほどのあいだに、地球を15周もできるだけの数の細胞になる。「君をバラバラにして、全部の細胞を一直線に並べたら、地球を15周だぜ。生れてから毎日、芭蕉とおんなじくらいの速さで歩き続けても、まあ地球を7周できれば大したものだ。だけど、君がぼんやり欠伸をしたり、寝ている間も細胞は一生懸命増え続けて、地球を15周。凄いと思わないか」と言うと、誰もがそれなりに感動してくれるのがよくわかる。教師としてはしめしめというところ。興味を持つには、感動が不可欠である。

ところが2013年、われわれ専門家もアッという論文が発表された。イタリアのグループからの発表で、ビッグデータを活用し、これまでの100年以上のあいだに発表された論文の中から、各組織ごとに細胞数が数えられる写真を集め、計算したのだ。私たち人間の全細胞数は従来言われてきたような60兆ではなく、じつは37兆個なのだという。詳しくは述べないが、この論文がわれわれに与えたインパクトは大きかった。

ここからはいろんな問題が引き出せるが、一つだけを言っておきたい。この衝撃的な論文の出現によって、60兆個という数がどうして出てきたのか、改めてその根拠について考えたという人間は多かったはずである。どうしたって数えられるわけがなく、仕方がないから体重を一個の細胞の重さで割ったり、私たちの体積を、一個の細胞の体積で割ったりして、だいたい60兆くらいだろうと言っていたのである。そのうち、そんなアバウトな数が一人歩きを始める。みんながそう言っているからと、さして深くも考えないで、人間は60兆個の細胞からなっていると思いこみ、定説化してしまう。

考えてみれば、常識とか、当たり前とかは、実はこのような形で形成されるものなのであろう。当たり前として疑わないものの多くは、このようなほとんど根拠のない不確かな仮定、推量、思い込みからなっているものが圧倒的に多いはずである（これも疑う必要があるが……）。

サイエンスに対する興味を持ってもらうためには、驚きと感動が必要である。一方で、教えられたこと、常識とみんなが思っていることは、ほんとうに根拠のあることなのかと一旦は疑ってみる、問い直してみるという態度が、サイエンス、学問の基本になければならない。この一つの事実をあげて、常識や定説を疑うことの大切さを講義の最初に学生たちに強調することにしてきた。

1 学問とは何か

今回の学術会議の新会員任命拒否問題は、「学問の自由」の侵害という論点で語られることが多い。もちろんその通りであり、それがもっとも危惧されるところではあるが、私は今回の任命拒否問題は、それ以上に〈学問そのものの否定〉、そして〈専門知へのリスペクトの意図的な放棄〉以外の何ものでもないと思っている。

それを考える前に、まず学問とは何かについて、私の考えるところを述べなければならないだろう。

学問とは何か。『広辞苑』には、二つの意味を載せている。①として「(学門とも書いた) 勉学すること。武芸などに対して、学芸を修めること。またそうして得られた知識。」と、②として「(science(s)) 一定の理論に基づいて体系化された知識と方法。哲学・史学・文学・社会科学・自然科学などの総称。学。」と、それぞれ説明している。この説明は間違っているとは言えないが、私には甚だ不十分に聞こえる。

ユニークで愉快な説明で知られる『新明解国語辞典』を開いてみると「㈠(学校で) 今まで知らなかった知識を教わり覚えること。㈡基礎から積み重ねられた体系的な専門知識。[狭義では科学・哲学などを指す]」とあり、こちらはさらに期待外れである。

私の考える学問と、これらの辞書が答える学問とは何が違うのか。私はここに定義されるところのものは、「学習」あるいは「学修」に過ぎないのではないかと思うのである。因みに『広辞苑』で「学習」を引いてみると、「①まなびならうこと。②経験によって新しい知識・技能・態度・行動傾向・認知様式などを習得すること、およびそのための活動」とあって、これでは「学問」の定義、説明とほとんど同じであるようにも見える。

これだけでは「学習」と「学問」の区別がつかず、不十分と思う以外ないが、私は、「学問」と「学習」とを明確に区別したいと考えている。右に言う「学問」は、私には「学習」の定義としか響いてこない。つまり『広辞苑』に言う「まなびならうこと」、『新明解国語辞典』に言う「教わり覚えること」は、どちらも「学び、修めること（学修）」、「学び、習うこと（学習）」の焼き直しとしか思えないのである。

初等中等教育の場においては、どうしても「学習」が中心とならざるを得ない。それでは決して十分でないとは思いつつ、現在の受験体制などを考えるとそれはそれで認めるしかないと思っている。しかし、大学に入って、なお「学習」しかしていないようでは、あるいはそんな講義しかしていないようでは、大学の意味がまったくないと考えている。現在の大学教育が「学習」にしかなっていないということにかなり苛立ちながら書いたのが、拙著『知の体力』（新潮新書）である。これ以上立ち入らないが、大学生になったからには「学問」をこそして欲しいと願っているのである。

それでは「学問」とは、何か。読んで字の如く「学んで、問う」、それこそが「学問」の本質だと、私は考えている。

『論語』の有名な一節に「学んで思わざれば則《すなわ》ち罔《くら》し。思うて学ばざれば則ち殆《あや》うし」（為政十五）がある。まさにここに言うように、学んだだけで思うことがなければ、即ち「罔《くら》し」。しかし、思うだけで学ばなければ、即ち「殆《あや》うし」。孔子は学ぶことと、思索することの両者があって初めて知性、学問があると言っているのである。この「思う」は、私の言う「問う」と同義と思っておきたい。

「問う」という態度を欠いては、「学問」は成り立たない。それは理系の研究者にとっても、人文社会系の研究者にとっても、真であろう。当たり前として受け容れられている常識を疑ってみる。すでに確立した定説が本当に正しいのかと考察を加える。なぜ起こるかわからない現象があるとしたら、なぜそんなことが起こるのかと原因を探る。一見したところではカオス的な諸現象の間に統一した理屈、理論があることを発見する。研究者の日々は、まさにそのような問いを抱え続け、問い続けること以外ではないのである。

実は、問いに対する答えを見いだすことよりも、問いを発見することのほうが、はるかに難しく、研究者、学者は、どのような問いを発し、発見できるかで、すでにその業績の大部分が決まってしまうというのが、私が40年余りを研究者として過して来た実感でもある。

2　学問は批判性を欠いては成立しない

研究現場では、問題を解決する能力よりも、問題を発する能力のほうが求められるのだとは、私の研究室の学生に常に言ってきた言葉だが、問いを発するということを可能にするのは、現前するすべてを批判的に見るという態度以外のものではないだろう。批判性、批判力を欠いたところに学問は成り立たないし、学者として生きていくことはできないというのが私の結論である。人文社会系の学問では殊にそうだろうが、ことは理系の学問においても然りである。

先に、人間の総細胞数のことを書いたが、あの論文が出た時、実は私はかなり深刻な差しさから逃れることができなかった。いかに実際には数えられないからと言って、それまで言われていた60兆という数をそのまま学生たちに伝えていたこと、常識と言われるものに疑いの目を向けることなく受け入れてしまっていたことに、一学徒としての羞しさを感じざるを得なかったのである。

批判力の大切さは認識しつつ、ともすればわれわれは、あまりにも当たり前だからと通り過ぎたり、どうせわからないものだからと諦めて飲み込んだり、こんなことも知らないのかと思われるのが怖くて発言を控えたり、ここは波風を立てない方がよさそうだと避けて通ったりしがちである。

しかし、そのような態度から発見が導き出されることはまず無いと断言していいだろう。何より、常に問い直すという視線を確保しておかなければ、すべての現象は自分のまえを素通りするだけなのである。「Chance favors the prepared mind（チャンスは心の用意のないところには訪れない）」と言ったのは、ルイ・パスツールであったが、批判的に問い直すという態度のない学者の前からは、前髪が3本しかないというチャンスの神様は走りすぎるばかりである。

批判性のない学問はあり得ず、批判力のない学者は学者として生きてはいけない。

今回、学術会議会員の任命拒否については、その理由がはっきり述べられないので推測するしかないのだが、それが「総合的・俯瞰的」な観点からの拒否でなかったことだけは、拒否された方々のダイヴァーシティを見ても明らかだろう。すでに指摘されているように、旧帝大に偏っているという指摘も、男性上位である、あるいは年寄りが幅を利かせているという指摘も、今回拒否されたメンバーに、私学の教員がおり、女性や比較的若い会員候補がいたことを考えれば、まことに支離滅裂なこじつけであるとしか言いようがない。さらには、拒否された候補がすべて人文社会系の学者ばかりであったことも、多様性を重視するという理屈からは説明のつかない論理である。

拒否された会員候補の共通項が、かつて政府の方針に反対意見を唱えたことがあるという点にあることは、おそらく間違いのないところであろう。と、すれば、拒否の理由は、政府に「批判的」であったからと結論せざるを得なくなる。私には、この点がもっとも怖いところであると思わざるを得ない。なぜか。

それは「学問の自由」の侵害である以前に、政府が学問自体の価値をまったく認めていないということに他ならないからである。あるいはそれ以前に、学問の本質がわかっていないのだと言ってもいいかもしれない。繰り返すが、「学問」は批判性を内包することなくしては成り立たないものなのであり、批判的だから外すとなれば、それは「学問」そのものの否定以外のなにものでもないのである。

これはすなわち〈専門知へのリスペクトの欠如〉という問題とも直結するものである。今回の任命拒否に際して、菅義偉首相は「私が判断した」と言った。「総合的、俯瞰的」にという観点からだという。

これが違法であることは、すでに多くの指摘があるところである。「日本学術会議法」第7条第2項には「会員は、第十七条の規定による推薦に基づいて、内閣総理大臣が任命する。」とあり、その第17条には「日本学術会議は、規則で定めるところにより、優れた研究又は業績がある科学者のうちから会員の候補者を選考し、内閣府令で定めるところにより、内閣総理大臣に推薦するものとする。」とある。

推薦の基準は「優れた研究又は業績がある科学者」であることである。学術会議の会員、なかんずく分野の近い会員が、候補者の業績をよく調査し、よく理解した上で選考した結果を、その専門分野からははるかに遠い人間の判断で拒否をする。分野の近い専門家の評価よりも、その分野については素人の政治家や官僚が、その学者の業績について優れた評価をなし得るとは、百歩譲っても考えられないことである。これは学術会議法を意図的に無視した行為以外のなにものでもないが、違法であるとともに、より深刻なことは、専門知というものへのリスペクトが皆無だということである。意図的な放棄と言うべきだろうか。

おまけに菅首相は、国会の答弁において、「首相はそれぞれの候補者を知っているか」と問われ、「加藤陽子先生以外は知らない」と答えた。学術会議側から「優れた研究又は業績」という基準で択ばれ、推薦されてきた候補者の研究や業績をまったく読みも知りもしないで、拒否する。専門知に対する冒瀆以外の何物でもないと言わざるを得ない。

私は、学者だから政治家や一般の人々より偉いなどと言おうとしているのではまったくない。私の妻は生前、「あなたは学者バカで何にも知らないんだから」と「バカ」のところに妙に力を入れて私に言うのを楽しんでいたフシがある。しかし、この「学者バカ」は必ずしも貶すばかりのニュアンスでもないのである。

「学者バカ」は、世間の人なら常識とも言うべきものを知らない代わりに、その専門のことは誰よりもよく知っているという、いわゆるオタクの別称でもあろう。狭い、小さな領域ではあるにしても、長年の研究によって、その分野のことなら誰よりもよく知り、理解し、それが持つ意味を世界に外挿できる能力をもった人間のことなのである。「総合的、俯瞰的」には決して偉くもなんともなくとも、その分野においては他の追随を許さない存在、それが専門知として尊敬される所以でもあるのだ。その専門知に敬意を払うことができなくなったら、その国の学問、科学は成立基盤を失ってしまう。

菅首相の行なった任命拒否は、わが国の学問そのものの根底を、自ら否定してみせたということに他ならないのである。

3　前衛としての学問と後衛としての使命

学問は、そして研究は何を目指すものなのだろう。

もっとも端的な答えは、それぞれの専門性を基盤に、世界の未知の課題に挑戦し、困難な課題を克服し、以て世界の人々の幸福に貢献する。美辞麗句を並べれば、まことにそのような役割を担うのが学問であり、研究であり、科学である。イノベーションという言葉が一人歩きし過ぎているが、世界を切り開き、開拓する〈前衛〉としての役割を担うものとしての役割が、社会における学問、科学の一般認識であろう。

それはその通りである。私は細胞生物学者として40年余りを生きてきたが、何より、まだ世界の誰も知らない現象や原理、未知のタンパク質に遭遇し、その役割を明らかにすることに魅了され、生きがいを感じてきた。少なくとも十数種の新規の遺伝子、タンパク質を発見し報告し、その機能解析を行うことによって、いくつかの病態への関与についても研究を進めてきた。自らのモーティブフォースが、まだ世界の誰も知らないことへの挑戦であったことは、自らの実感としても間違いのないところである。誰よりも〈前衛〉でありたいと願ってきた。

一方、科学者は〈前衛〉であると同時に、社会の〈後衛〉でもあるべきだとも私は思ってきた。〈後衛〉とは何か。

政治的にも、科学的にも、あるいは社会学的にも、世界はどんどん前進してゆく。特に科学技術を基盤とした社会の進歩はとどめることのできない力を持っている。石油、ガソリンの利用によるエネルギーの効率的な採取は、この百年の世界を様変わりさせてきたが、一方で地球温暖化などの緊急の問題をも顕前化させた。原発の問題も然りである。手つかずの自然、森林の開発は人間の居住範囲を大きく広げ、そこに眠る資源の獲得に大きく寄与したが、今回の新型コロナウイルスをはじめとする多くの感染症の危険性に人々を晒すことにもなった。分子生物学、細胞生物学、医科学の爆発的な発展は、数えきれない病気や感染症から人類を救ったが、遺伝子操作、ゲノム編集技術によるヒトの生殖医療領域における人為的操作の危険性が、避けて通れない問題として浮上している。

科学・サイエンスというと世界の未知の現象を解明し、社会を前進させてゆく〈前衛〉としての役割に注意が集まりがちであるが、前進には常に、それに不随する解決しなければならない課題が浮き彫りになることも事実である。前進だけを諒として突き進んでいくだけでは、その科学的成果の持つ負の側面への考察がおろそかになりやすい。さらに科学的成果の政治への摂取、あるいは搾取がもたらす危険性は、かつての日本において科学者が戦争へ一方的に協力させられ、あるいは進んで加担した歴史的事実でもある。

「日本学術会議」ができた背景には、科学者および科学研究の、戦争への加担の反省が強くあったことを忘れてはならない。学術会議は、私なりの言い方をすれば、学者の〈後衛〉としての役割を前提として生まれた組織でもあったはずである。

科学のとめどない前進が避けがたいものであるとしたら、それを敢えて社会の後ろからしっかり見ながら、その前進が大丈夫なのかをしっかり監視する。学者の存在基盤として、そのような役割が確かに存在する。私はそれを〈後衛〉という言葉で呼んでいる。そのような〈後衛〉としての役割は、普段は表に出ることはないが、社会が、政治が、ある一線を越えようとする危機的な状況に遭遇した時、その一線を越えることが許されることなのかどうかを、専門知を結集し、科学的検証と正確な根拠のもとに判断し、社会に対して警鐘を鳴らすことである。そのような働きができるのは、それぞれの分野において、長年の研究者としての実績を積み、見識を持った学者を措いてないと言ってもいいかもしれない。

私は日本学術会議の意味を、そこにこそ認めたいと思っている人間である。学術会議として科学の成果を推進し、社会に還元したり、有益な勧告を出したりすることはもちろん大切な使命である。しかし、それ以上に、ここだけは踏み外してはならない、ここだけは越えてはならない、そのようなチェック機構としての役割、アラートを発するべきか否かを検討する役割をこそ、学術会議のもっとも大切な役割として考えたいと思っている。

そのような社会へ警鐘を鳴らす役割というのは、個人でできることではない。専門知を集め、それぞれの専門分野からの見識を持ちより議論することによってのみ、真に信頼できる判断が可能になるのである。こういう場でこそ、「総合的、俯瞰的」な知の集積が必須となるのである。学術会議が、あくまで「会議」として多くの信頼できる会員を擁しているのは、そこに意味があるのだと考える。

4　学術会議を政府組織から外してはならない

そして、そのような社会への警鐘を鳴らす役割の組織は、権力機構の内部にこそなければならない。

いま政府は、日本学術会議を政府組織から民間に移そうとしているように見える。2020年11月10日の自民党の政調会長下村博文氏の、毎日新聞WEB版での記事を見て驚いた。まず「軍事研究否定なら、行政機関から外れるべき」というタイトルに目を疑った。下村氏は文科大臣の経験者でもあったはずである。

学術会議が過去に三度、軍事研究に関する声明を出していることに触れ、「第二次世界大戦の反省に立って、軍事研究を一切しないとしてスタートした学術会議の歴史的経緯からするとよく理解できるが、2017年の声明は、日本の防衛を考えた時に本当にそれでいいのか」と問いかけている。そこから政府の方針に反対するのであれば、「行政機関から外れるべき」だと言いたいらしい。

11月26日には、井上信治科学技術担当大臣が、梶田隆章学術会議会長と面談し、学術会議の行政機関からの切り離しについて検討し、年内に報告をするように求めたという。任命拒否問題の論点のすり替えであることは明らかだが、厄介な組織はいまここで政府から切り離してしまおうという意図があらわである。

これらの発言、動きに端的にあらわれているように、政府は何とかして、この厄介な組織を、自らの組織から追い出そうとしているように見える。自分たちの方針に反対するような組織を、自らの内部に置いておくことは面倒くさいからである。外へさえ出してしまえば、あとは何を言おうがかまわない。それを聞くか聞かないかは自由である。しかし、自らの内部にあって、それが属している行政組織に物を言えば、それは決して無視できないものとなる。政府にとっては「獅子身中の虫」といったところであろう。外部へ、民間へ早く放逐してしまいたいという思惑はよくわかる。

毎年10億円ももらっていながら、その雇い主に反対するとは何事かということなのだろうが、これは実はまったく逆なのだと私は思っている。もとより10億円という額は、学術会議の活動にとっては決して十分なものではない。私も長く連携会員として携わってきたが、年度の後半になると旅費などが不足して、会議さえ十分には開けなかった。まして給与などは無しのボランティアである。

学術会議は、いざという場面で警鐘を鳴らしてくれる組織である。政府は、行政は、自分たちでは意識しないままに、間違った方向へ舵を切ろうとしたとき、専門知を集積してそれに対して警鐘を鳴らしてくれる組織を、わずか10億円で確保しているのである。アベノマスクの200億円超を考えても、国家の危機にアラートを鳴らしてもらうための費用と考えれば、これほど安い安全保障費、安い保険はないはずである。

私は日本学術会議は、政府機構の内側にあってこそ、そのもの言いが意味を持ち、価値を持つものだと考えている。政府にとっては目の上のたん瘤的な目障りな存在であろうが、政権にあって活動をしている人々の不快感などは、一国の正しい進路の前には意味のないことであることは、改めて言うまでもない。学術会議は決して、政府組織から外れるべきではない。外れれば、その大切な役割の大きな部分が無化されると私は考える。内部にあって、自らの組織にものを言う、そのことに意味があるのだ。政府組織から外して民間の組織にしようという動きには、断固反対すべきであると考える。

5 『貞観政要』を愛読する菅義偉首相

2019年2月の毎日新聞「蔵書拝見」で、当時の菅義偉官房長官が「官房長官になって特に参考にしたのが、唐代の治世の要点を記した『貞観政要《じょうがんせいよう》』と、このパウエルさんの本だ。前者が政権運営の全体像を考えるのに役立つ古典であるのに対し、こちらは具体的で実践的な指南書だ」と語っているのがおもしろかった。「パウエルさんの本」とは、米国の元国務長官、コリン・パウエルの『リーダーを目指す人の心得』であるが、おもしろいのが『貞観政要』をあげていること。

『貞観政要』は、名君の誉れ高い唐の太宗《たいそう》（李世民《りせいみん》）とそれを補佐した名臣たちとの政治問答集である。本書は日本でも人気が高く、北条政子、徳川家康、吉宗はじめ、明治天皇もこの書のご進講を受け、深い関心を寄せたという。現代でも、政治や企業経営のトップたちの必読書なのだそうだ。菅官房長官が「特に参考にした」というのもむべなるかなである。

私の持っている『貞観政要』は呉兢《ごきょう》著、守屋洋訳のものだが、たとえばこんな一節がある。守屋訳をあげておく。

貞観二年、太宗が魏徴にたずねた。

「明君と暗君のちがいはどこにあるのか」

魏徴が答えるには、「明君の明君たるゆえんは広く臣下の進言に耳を傾けることであります。また、暗君の暗君たるゆえんは、お気に入りの臣下のことばだけしか信じないことであります」。（第一章）

菅首相も、当然明君たらんとして『貞観政要』を読み、「広く臣下の進言に耳を傾け」ようとしたのであろう。

『貞観政要』には、こんなエピソードも記されている。太宗の気持を怖れて臣下たちが意見を言わなくなったとき、側近に言った言葉である。

「そちたちの態度はひたすらわたしの気持ちに逆らうまいとしているかのように思われる。指示したことをはいはいと受け入れるばかりで、いっこうに諫言してくれる者が見当たらぬ。まことに嘆かわしいことだ。たんに私の下した詔勅に署名をし、下部に文書を流してやるだけのことなら、どんな人間にでもできる。わざわざ人材を選りすぐってそれらの地位にすえておく必要はない。」

組織の長の孤独は、誰もがその権威を怖れて進言、諫言を行なわなくなることである。太宗の名君たるゆえんは、自らを糺すために、己に諫言してくれる存在をこそ大切に重用し、しかも諫言することを奨励し、逆にしなければ瞋《いか》ったことだろう。魏徴のような、太宗に対して批判的な言辞を堂々と述べる人材がいなければ唐の太平の世は実現しなかったのかもしれない。それを知っているからこそ、菅首相は『貞観政要』を愛読書だとして広く伝えたのだろう。立派なことである。

そんな菅首相であってみれば、政府の方針にはっきりと批判的な意見表明をしてくれた6人の会員候補者には、感謝こそすれ、拒否することは決してないはずだ。日本学術会議が批判精神を発揮して、社会に、あるいは政府にモノを言ったり、警告を発したりすることは、これまた、たとえそれがどんなに耳障りで、面倒なものであっても、歓迎こそすれ、けっして無視はしないはずだと私は思っている。そういう批判勢力こそ、身近に置いて頻繁に意見を聴取できるようにしておくべきであり、政府組織の外へ出すなど、こんなにもったいないことはないはずである。それが、菅氏の愛読する『貞観政要』の教えるところであろう。愛読していたのは官房長官時代だけ、なんてことでなければいいのだが。

11

文化的適応としての科学と日本学術会議

鷲谷いづみ

鷲谷いづみ（わしたに・いづみ）

1950年東京都生まれ。東京大学理学部卒業、東京大学大学院理学系研究科博士課程修了。理学博士。筑波大学生物科学系講師、助教授、東京大学大学院農学生命科学研究科教授、中央大学理工学部人間総合理工学科教授を歴任。東京大学名誉教授。みどりの学術賞、日本生態学会功労賞などを授賞。著書に『〈生物多様性〉入門』『実践で学ぶ〈生物多様性〉』（共に岩波ブックレット）、『さとやま――生物多様性と生態系模様』（岩波ジュニア新書）、『震災後の自然とどうつきあうか』（岩波書店）、『コウノトリの翼――エコロジストのまなざし』（山と溪谷社）、『大学1年生のなっとく！生態学』『絵でわかる生物多様性』（共に講談社）『生態学 - 基礎～保全へ』（培風館）などがある。日本学術会議では、第20期～22期会員、第23～24期連携会員として15年間にわたって活動。

科学を軽視・無視する政治家たち

アメリカ合衆国の大統領選挙は2020年11月8日のバイデン候補の勝利宣言で一段落した。

選挙が大接戦になると予想されていた投票日の少し前に、有力な国際的科学誌「ネイチャー」は、同誌が行った科学者を対象とした世論調査の結果を報じた。調査に回答した科学者たちの圧倒的多数がバイデン支持であった。科学者たちは、気候変動とパンデミックを現在のもっとも重要な課題と捉えており、それを無視し、科学者のアドバイスにまったく耳を貸そうとしないトランプ大統領の降板を強く望んでいた。

多くの科学者は、トランプ氏が大統領だった4年間の政策や言動が、アメリカ合衆国だけでなく、世界全体にもたらした「深い傷」を認識している。気候変動や生物多様性の衰退をはじめとする地球環境の問題は、多くの科学者が「地球の全生命にとっての危機」と捉え、国際協力のもとに有効な対策を一刻を争って進めるべきだと考えている。明らかに「後退」ともいうべき4年間のロスがもたらすものは決して小さくない。傷の治癒にはそれ以上の時間と多大な努力を要するだろう。

さらに、突如始まったパンデミックは、人々の目前で命を奪う深刻な「生命の危機」をもたらしている。地球規模から個々人の命まで、生命を守る科学からの警告にも提案にも耳を貸さないトランプ大統領は、問題の解決に真摯に努力している科学者たちにとっては、一刻も早く退場してもらいたい「独裁者」である。

しかし、科学の側が、その誤りを広範な人々に伝える努力を十分にしたかといえばそうではないだろう。多くの人々が彼の真実にもとづかず根拠のない「言葉」を信じ、それに鼓舞される現実がつくられたことには、科学者にも責任がある。科学史と地球科学を専門とするハーバード大学教授ナオミ・オレスケスは、ネイチャー誌のインタビューに答え、「大統領選が大接戦になっている事実は、科学者たちが、科学、真実、そして根拠（エビデンス）を拒絶することがどれほど危険なことなのか、人々に十分に伝えてこなかった証拠だ」と語ったという。

トランプ氏が7000万票を大きく超える得票を得た事実は、たとえ、新しい大統領が「傷を癒やす」努力をするとしても、きわめて重い現実を科学に突きつける。どうすれば人々が事実無根の「勇ましい言動」にまどわされず、科学をめぐる民主主義が適切に機能するようになるのかを明らかにし、科学と社会の間の望ましい関係を再構築することは、アメリカ合衆国のみならず世界全体の重要な課題であると思われる。

4年前、トランプ大統領は就任後ただちに、科学にもとづく「命を守る」ための環境・健康に関する既存の政策を壊し始め、環境保護局（EPA）と国立健康研究所（NIH）など、科学をベースとして命を守るための政策を立案・実行する組織の予算を大幅に削減した。さらに、EPAが新たな規制に向けて汚染物質の健康影響に関するデータをとることまでを禁止した。環境と健康に関する科学をあからさまに軽んじた4年間は、これらの問題の解決に努力してきた科学者にとっては悪夢というしかない。米国科学アカデミーが数回にわたって科学にもとづく政策を求める公開書簡を大統領に送ったのは当然のことである。今年7月に送った書簡は、新型コロナウイルスに関して、国立アレルギー・感染症研所長のファウチ博士など、医学研究者のアドバイスに従うよう、戒める内容であった。

為政者による科学の軽視・無視はアメリカ合衆国だけでなく、いくつかの国や地域で顕在化しているが、それは地域や地球規模での社会の持続可能性にとって、もっとも危険な兆候の一つとみなければならないだろう。国際的な最有力科学誌のネイチャー誌とサイエンス誌は、米国大統領選挙が近づいていた頃、論説でこの問題を取り上げ、日本学術会議の任命拒否問題にも言及した。トランプ氏を筆頭とする科学を軽視・無視する政治家たちの登場は、科学がその持続可能性に寄与しようとしているさなか、人類にとってきわめて危険な兆候として危惧されるべきだからだ。

現実を直視し深く理解することなしには、換言すれば、科学が十分にその力を発揮することなしには、今人類が抱えている多くの複雑で困難な問題に適切に対処し、持続可能な未来を切り拓くことはできないだろう。国連の「持続可能な開発目標（SDGs）」目標の実現も、各国がそれぞれ直面している多様な問題の解決のためにも、しっかりとした事実の認識とそれにもとづく広い視野からの検討が必要である。地球環境に関しては、国連の条約・協定を軸に「国連気候変動に関する政府間パネル（IPCC）」や「生物多様性及び生態系サービスに関する政府間科学 - 政策プラットフォーム（IPBES）」などが科学と政策の調和のための努力を続けている。その流れを真っ向から妨害する危険な潮流の台頭は、持続可能性の希求にとって、もっとも重大な障害をなしているといえるだろう。

科学史上に「不名誉な名」を残すことになる政治家たちの出現は、それを支持する広範な人々がいてはじめて可能となる。それを許す状況の広がりは、社会との対話をこれまで必ずしも十分にしてこなかった「科学の側」にも責任があるといえるだろう。とくに、持続可能性のための科学にとって、今は、社会との向き合い方を深く考え、実践しなければならない時なのだろう。

困難に立ち向かうための文化的適応

科学は、現生人類ヒトの長い歴史が築いてきた、事実を的確に認識して問題を明確にし、関係者の間で情報を共有し、解決の方途を探る「合議」のための「社会的しくみ」であり、ヒトにとってもっとも重要な「文化的適応」の一つである。

時間・空間的に大きく環境が変動する地球において、40億年もの間、生命は絶えることなく続いてきた。ごく単純で微小な細胞から、今私たちが目にする多様な生物、私たちヒトを含む動植物も微生物も多様な種《しゅ》が、互いに複雑につながりあってつくる豊かな生物の世界が築かれた。そのような生命の歩み、膨大な多様性の発展に大きな役割を果たしたのは、「自然選択による適応進化」である。

「自然選択による適応進化」が生物の多様性を生み出し維持するという見方は、ダーウィンの「種の起源」以来、生物学にとってもっとも重要な原理の一つとなっている。私たちが日々感じるヒトそれぞれがもつ個性を含めて、同じ種の個体の間には、外見から把握できる特徴にも、生理、心理、行動の特徴や癖などにも、さまざまな形質に個体差（変異）がある。それらの違いの中には、特定の環境の下で生き残り子どもを残すことに好都合なものもある。その環境に適した形質をもつ個体の子が生き残り繁殖に成功することが「自然選択」である。その形質が遺伝するものであり、同じ様な環境が続けば、世代の重なりを通じて「自然選択による進化」が起こる。進化の科学では、個々の遺伝子にも注目し、理論的にその自然選択による進化を計測したり予測する。ヒトに病気を起こすウイルスや細菌などと私たちとの関係も、的確な理解にもとづく適切な制御には、それらが常に突然変異と自然選択によって進化し続けているという見方が欠かせない。

社会的な生物としてのヒトにとって、個体や遺伝子レベルでの適応進化を超えて、その社会（血縁集団から何段階かの、複雑に錯綜する関係で構成される階層を経て国際社会まで）の存続にかかわるのが「文化的適応」である。ヒトが生物としての自然選択による進化で獲得した高度な認知・抽象化能力と言語・所作・絵画・造形などを介したコミュニケーション能力は、ヒトの文化的適応を高度でときとしてきわめて有効なものにしている。それは、かつて地球上に出現した他の人類がすべて絶滅したにもかかわらず、現生人類ヒトだけが20万年ほどの間、種として存続することができた理由の一つでもあるだろう。

時空間変動の激しい自然環境のもとで、他集団との関係が自らの集団の存続に大きな影響を与えるような状況のもとで集団が生き残っていくには、文化的適応がきわめて重要である。世代時間や生物的特性に強く縛られる生物としての適応進化よりも、はるかに速やかに、ときに劇的な「進化」をなし遂げることができるからだ。文化的適応は、ヒトの歴史を紐解けばさまざまな例を見ることができる。規模を問わず集団のまとまりを維持する上で大きな影響力をもつ宗教がヒト特有の文化的適応として顕著なものであることはここで述べるまでもないだろう。そして、とりわけ成功した文化的適応として、科学をあげることができる。

20万年前頃までに、人類進化の中心地ともいえるアフリカで生まれ、その後地球全体にひろがり活動の場にするにあたってさまざまな文化的適応が効果をもたらしたと思われる。ゲノム分析が広く適用できるようになった最近では、分布の拡大に関しては、「新規性を好む心性」という生物的バックグラウンドの重要性も注目されている。しかし、新天地へ「植民」し、そこに先住者がいれば「征服」するという行動特性には、いくつもの文化的適応がかかわっていると考えられる。シンドロームともいえるそれら特性の組み合わせを、対比・単純化・理想化して、二つのカテゴリー、植民・征服に長ける「征服型戦略」と、それとは対照的な、同じ場所での持続的な自然資源の利用に長けた「共生型戦略」の二つの文化的適応型を認めることもできるだろう。いずれの適応型にとっても科学もしくはその原初的な営みが重要な役割を果たすと考えられるが、それぞれに寄与する科学の具体的な内容や発展方向は異なるだろう。

科学という文化的適応を有効にする「作法」

科学は、生薬、農事暦などに関する実用的な知識を共有する集団的な営みから、次第に、ただちに実用につながるかどうかは兎も角、より確かな事実や考え方を共有する方法、共に知識と知恵を豊かにしていく方法として発展した。本稿では、「科学」という言葉は、それが生み出した成果、例えば技術に直接つながる知識などよりも、集団としての確かな「知」の獲得に向けた文化的適応としての振る舞い方を指す言葉として用いる。科学は「真理の探究」と表現されるが、それは個人的な営みとして完結するものではなく、時空間的に広がりをもつヒトの集団が取り組み発展させるものである。

同時代に限らず、それに先行する時代の人々も含めて、集団の力で確かな「知」を獲得するためには、「作法」ともいえる手順・手法が重要であり、それは歴史と共に発展した。

科学研究の一つの基礎を築いたとされる古代ギリシアの哲学者アリストテレスは、観察と思考と議論に頼り、実験はしなかった。しかし、自らの観察だけでなく、広く当時までに観察された事実を集めて知識を整理した。13世紀のロジャー・ベーコンを経て17世紀にフランシス・ベーコンが確立した「科学における実験重視」にはアラブの科学者アルハゼンの仕事が影響したとされる。実験科学を生んだイスラム科学の発展は、紀元前8世紀後半アッバース朝が新都バグダードに大規模な図書館「知恵の家」を建てたことに負うところが大きいと考えられている。これは科学という営みには「古今東西」の知を集積する拠点が必要であることを物語る。

フランシス・ベーコンは、科学的方法は、観察、それを説明する理論を導く推論、理論が正しいかどうかを検証する実験の三つの基本からなるとした。実験を重視する基礎研究を集団的に進めるに当たって、論文をまとめ、それを十分な経験を積んでいる他の研究者が「査読」することがきわめて重要な役割を果たす。査読者の役割は、適切な実験が行われたか、理論と実験結果、それを繋ぐ論理に、わずかにでも「穴」ともいえる誤りや矛盾がないかを精査することである。査読で妥当と認められない限り論文は公表されず、「新たな知」として認められることはない。１６６０年に設立されたロンドン王立協会をはじめとする科学の学会は、査読のシステムを発展させ、査読を通った論文を公表する学術誌を出版する役割を担っている。

知の膨大な集積・遺産としての科学に新たな知を付け加えるには、観察・調査などによる「事実」の的確な把握、それを説明する理屈としての「理論」、実験や実証によるその確かさの「検証」、有効な知のみを残すための科学者相互のチェック機能である「査読」、さらに、新たな知を共有するためのシステムが欠かせない。比較的近年になると、学会など、科学者や専門家の社会の中だけでなく広く知を社会と共有するシステムの意義が大きくなっている。科学の新たな知識や知恵を発信するための「作法」とは、このような手順にのっとることである。

科学分野の中でも、産業利用に役立つ知識を産み出す分野と社会との関係は比較的ストレートなものである。直接役立つ有用な知識は、産業の側が積極的に利用し、場合によっては研究を進めるための資金も提供するだろう。

それに対して、気候変動、環境汚染、生物多様性の喪失などを多くの証拠にもとづいて摘発し、社会に何らかの是正をもとめる科学分野は、社会に研究成果を発信して政策や人々のライフスタイルの変更を求めるという、かつてなかった新たな社会的機能を担っており、科学の側から社会との関係を強化することが常に求められる。科学的な情報を社会にどう伝えるかが重要な鍵となるが、何よりも重要なのは、伝えようとする情報が科学的であること、すなわち、科学の「作法」にのっとって確立された事実や理屈であることだ。

そのような作法に従った科学的情報の公表が社会に大きな影響を与えた例の一つとしてレイチェル・カーソンの『沈黙の春』をあげることができる。『沈黙の春』は、環境の科学と環境保護の実践にとって、もっとも大きな影響力を与えた書籍である。

当時、DDT（ジクロロジフェニルトリクロロエタン）は、昆虫に強い神経毒として作用する殺虫剤として、農薬にも、蚊の駆除などの衛生管理にも広く大量に使われていた。第二次世界大戦が終わり、戦争需要を失った化学産業にとって、それはきわめて重要な「ドル箱商品」でもあった。カーソンは、『沈黙の春』によって、DDTが環境と健康に与える害を鮮明に描き出し、その禁止を訴えた。軍事産業から転身し大きな力をもっていた化学企業は、総力をあげての大キャンペーンを打ち、彼女の仕事のみならず彼女自身の否定にやっきになった。それが成功しなかったのは、『沈黙の春』が、しっかりとした「科学の作法」にのっとって執筆され、発表されたものだからである。

『沈黙の春』に記述されたさまざまな事実の情報源は、すべてが、政府機関もしくは、それ以外の信頼に足る報告にもとづくものであり、出版前には、慎重さを期して科学的な査読も受けていた。しっかりした科学的プロセスを経て出版された同書は、法廷で争っても化学企業側に勝ち目はないものとなっていた。法廷闘争をあきらめた企業は、彼女にすさまじい個人攻撃を加えたが、それはむしろ『沈黙の春』の普及に役立った。1963年にジョン・F・ケネディ大統領は議会の委員会に彼女を証人として招聘した。そして、『沈黙の春』初版刊行から10年後にＤＤＴはアメリカで使用禁止となり、他の多くの国もそれに続いた。それは、環境の科学と科学的な情報にもとづく市民をはじめとする広範な主体の活動を励まし、米国のみならず世界規模での環境保全への潮流を大きくすることに寄与した。

カーソンの科学的な作法にのっとった情報発信が効を奏したのは、欧米社会には科学と科学のプロセスを尊重する思想と倫理が根付いていたからだろう。それが失われれば、生命と環境を守る科学は力をもつことができない。その危うさを如実に示すのが、トランプ大統領とそれを支持する人たち、さらには日本の首相を含むネイチャー誌やサイエンス誌に名指された「科学を軽視・無視する政治家たち」の言動である。

日本学術会議の文書発出の科学的作法

「任命拒否」の直後には、会員として9年間、連携会員として6年間活動した私が目を疑う、日本学術会議に関するとんでもないデマがメディアやインターネットに流された。首相やその周辺も事実誤認の理屈にならない発言を繰り返した。何故そこまでして、日本学術会議を貶めようとするのだろうか。日本学術会議の社会への提言等の発出を、自己の利益追求に不都合と感じる団体・個人等の存在を仮定しなければ、任命拒否とそれに続く一連の状況を理解することは難しい。一方で、日本学術会議の活動があまり社会に知られていないこともその一因なのだろう。そこで、以下には、私自身の経験にもとづいて日本学術会議の活動の一端を、文書発出の作法に焦点をあてて紹介する。

私が日本学術会議の会員となったのは、新体制が発足した2005年であり、会員だった9年間は30の専門分野別の委員会の一つ、統合生物学委員会の委員長を務めた。また、会員任期終了後連携会員であった期間も含め15年ほど、環境学委員会・統合生物学委員会の共同管理下の分科会「自然環境保全再生分科会」の委員長を務めた。ほかにも常設の委員会・分科会の委員やいくつかの課題別委員会の委員として、日本学術会議が発出した多様な提言等をまとめる活動に参加した。

日本学術会議が発出した政府や社会への提言などの文書は、すべてウェブページで公表されている。その文書がまとめられるまでの委員会の審議過程や経緯も明記されている。課題別委員会などは原則として傍聴者を受け入れる。また、幹事会、委員会、分科会は開催される度に議事要旨を公開する。このように、さまざまな審議にかかわる重要な事柄はすべて公表されている。日本の公的組織の中で、これほど透明性の高い運営がなされている組織は他にはほとんどないだろう。

提言等の文書は、科学論文の発表に準ずる科学的なプロセスを経て発出される。何段かにわたる査読が行われ、すべてをクリアーしたものだけが公表を許される。それに加えて、課題別委員会では、特定分野の意見に偏らないよう、多様な分野の専門家が参加して合議が行われ、発出する重要な文書は、分野を超える広い視野からの厳格な査読を受ける。このような「文書発出作法」ともいえるプロセスにより、専門的でありながら「総合的・俯瞰的」な意見表明が保証される。

私がもっとも最近、課題別委員会の委員長としてまとめた文書は、環境省自然環境局の審議依頼への回答「人口縮小社会における野生動物管理のあり方」（＊1）（2019年）である。それを見ていただければ、会員・連携会員だけでカバーできない科学分野の特任連携会員任命による十分な専門性の確保、毎回の審議への行政から民間団体まで多様な関係者の参加・協力、公開講演会開催による広範な主体・個人との意見交換（アンケートとその分析を含む）などの手順を経て、専門的であることはもとより、総合的・俯瞰的な「回答」文書が作成されたことを理解していただけるだろう。

大学等での研究教育に従事しながらボランティアで、問題を広く深く把握するための調査をし、委員会・分科会開催のための日程調整や内外の主体との協議を行い、審議した内容を踏まえて文書をまとめることの負担は、並大抵のものではない。一連の手順を経て「回答」や「提言」が発出されるまでに文書作成の責任者がかける労力と時間は、科学論文を国際誌に掲載するまでに必要とされるそれらの比ではない。そのような仕事は、年齢と経験を重ね

＊1　http://www.scj.go.jp/ja/info/kohyo/pdf/kohyo-24-k280.pdf

たシニア研究者が担うべきだろう。若い研究者には、できるだけ多くの労力と時間を自らの独創的な発想にもとづく研究に費やしてもらいたい。しかし、若手研究者の意見や思いをとり入れた活動が重要であることはいうまでもなく、そのための仕組みとして日本学術会議は「若手アカデミー」を設置している。

おわりに

今、世界は、「得体の知れない」(=社会も科学もこれまでに経験したことのない)パンデミックによる不安の広がりと気候変動と生物多様性の喪失が招く生態系の不健全化がもたらす災害の多発など、さまざまな災禍に苦しんでいる。このような時代には、持続可能な社会を築く確かな道筋を社会と共に探る、「協働の科学」が支える「証拠にもとづく楽観主義」が強く求められる。そのような科学の活動拠点の一つとして、社会にとって重要な数々の問題を中立の立場でさまざまな主体と情報交換をしながら審議して文書としてまとめる日本学術会議の役割は、今後いっそう重要になるだろう。我田引水にはなるが、とくに地球環境や地域環境の保全にかかわる課題に社会が適切に対応していくために無くてはならない存在である。日本学術会議が、社会との絆をいっそう強めつつその活動を発展させ続けることを切に願いたい。

12

1000を超える学協会の抗議声明から読み取れること

津田大介

津田大介（つだ・だいすけ）
1973年生まれ。東京都出身。ジャーナリスト／メディア・アクティビスト。ポリタス編集長。大阪経済大学情報社会学部客員教授。早稲田大学社会科学部卒。テレ朝チャンネル2「津田大介 日本にプラス＋」キャスター。J-WAVE「JAM THE WORLD」ニュース・スーパーバイザー。メディアとジャーナリズム、著作権、コンテンツビジネス、表現の自由などを専門分野として執筆活動を行う。著書に『Twitter社会論』（洋泉社新書）、『情報の呼吸法』（朝日出版社）、『動員の革命』（中公新書ラクレ）、『情報戦争を生き抜く』『ウェブで政治を動かす！』（共に朝日新書）などがある。

任命拒否問題を「総合的・俯瞰的」に概括する

日本学術会議が推薦した新会員候補6名の任命を菅義偉首相が拒否したことに端を発する問題は、高い支持率を背景に、横紙破りの「解釈」や「閣議決定」で憲法や法律に違反することを押し切ってきた第2次安倍政権発足から菅内閣誕生に至る8年間の政治劣化を象徴する出来事だ。

この8年間、政権は問題を指摘されても真正面から答えず時が過ぎるのを待ち、そのため国会はできるだけ開かず、しかるべき時機に国民感情を「リセット」するための選挙をし、国民を忘却や諦めの境地に至らせることに専念した。他方で霞ヶ関や公共放送、政府委員会、有識者会議、外郭団体などの「内部」に対して人事権を掌握することで、政権への異論が噴出することを抑えた。逆らう者は露骨に一掃され、この国のあらゆる公的機関で政権の意向を忖度する動きが強まった。菅首相は安倍前政権の官房長官時代、公安出身の官僚と二人三脚でそうした機関に人事を通じた介入を行い(*1)、政府の権力の基盤を強めてきた中心人物である。菅政権になった直後に任命拒否問題が噴出したことは、ある意味で必然だったと言える。

法的に独立性が保障されているはずの日本学術会議に対して、首相が一方的に任命拒否というカードを切ったことで、日本の学術界は騒然となった。「赤旗」が菅首相による任命拒否を特報（＊2）した翌日である2020年10月2日、日本学術会議は総会を開催。菅首相に対し、「（1）2020年9月30日付で山極壽一前会長がお願いしたとおり、推薦した会員候補者が任命されない理由を説明いただきたい」「（2）2020年8月31日付で推薦した会員候補者のうち、任命されていない方について、速やかに任命していただきたい」という2点を求める要望書（＊3）の提出を決定した。

この要望書をベースとして、その後様々な学協会や団体、大学関係者などが任命拒否問題に対する声明や要望書を発表。「安全保障関連法に反対する学者の会」の調べによると、12月14日現在で1000を超える学協会がこの件に対する抗議声明を発表している（＊4）。筆者は10月29日付朝日新聞朝刊オピニオン面の「論壇時評」で、その時点で公開されていた約500の学協会の声明すべてに目を通し、任命拒否が惹起した様々な問題や論点を〝総合的・俯瞰的〟に概括した（＊5）。本稿ではその際、紙幅の関係で省略せざるを得なかった声明・論考や、11月以降新たに追加された声明などを大幅に増補して、できるだけ多面的にこの任命拒否問題の核心を照射したい。

定年延長問題などとの構造的類似性

論点が多岐に及ぶ任命拒否問題だが、弁護士の倉持麟太郎は、黒川元東京高検検事長の定年延長および検察庁法改正問題と、今回の任命拒否問題が構造的に似ていることを指摘した上で、今回の問題について以下の4つの分類に切りわけて議論すべきと指摘している（＊6）。

①政治的意図の問題（なぜ今回の6人が拒否されたのか、なぜまともに理由を説明しないのか）
②法律論的問題（日本学術会議法の解釈及び従前の政府解釈との整合性の問題）
③制度論的問題（機構的な意味での学術会議の独立性や、違法であった際に争う手段がない制度的不備）
④日本学術会議という組織の意義

この整理に基づき現在永田町で起きていることをまとめると問題点が明確に見えてくる。今回の任命拒否問題の本質は①と②にあるにもかかわらず（無論そのような問題が生じることを防ぐため、③の議論・法整備を経た上で④の議論に移ることが望ましいわけだが）、現政権や与党自民党は、根元の議論をすっ飛ばし「④の議論こそが最重要である」と喧伝することで①②の問題を隠蔽したということだ。

日本学術会議の要望書は、①に問題をフォーカスして、任命拒否された6名の速やかな任命を求める極めてシンプルなものだ。1000超の声明の多くは、この要望書への賛同に留めたものか、それに加えて②の論点――日本学術会議法に照らして今回の任命拒否が違法であること、憲法で定められた学問の自由や表現の自由、民主主義を破壊する行為であることを指摘するものが多い。緊急性が高いこともあり、ほとんどの声明で③④の論点には触れられていないが、〝総合的・俯瞰的〟に考えると、①②の解決なくして③④の話はできない。政権や自民党が論点ずらしに躍起になっているのは、「学術会議改革」を既定路線に物事を進めていることの裏返しで、その現状を見る限り妥当な判断だったと言えそうだ。

②の論点で、もっとも詳細に具体的な条文を挙げて違法性の検討を行っているのが民主主義科学者協会法律部会の声明（＊7）だ。同声明では菅首相「総合的、俯瞰的観点」を強調した拒否理由についても検討されており、そもそもこの表現は、2003年の総合科学技術会議の意見具申（＊8）で「新しい学術研究の動向への柔軟な対応、科学の観点からの社会的課題の解決への対応、社会とのコミュニケーション活動を日本学術会議に求める趣旨で『総合的、俯瞰的な活動』と記述」されたことに由来するという。この経緯を踏まえれば、「総合的、俯瞰的な活動」とは、学術会議〝全体〟のあり方を意味するものであって、個々の会員の選考要件として提案されたものではなかったことがわかる。あまつさえ、この意見具申を踏まえた2004年の改正日本学術会議法では、この文言が入らなかったのだった。すなわち「総合的、俯瞰的観点」は法定外の要件となり、これを勘案して任命拒否を行うことは違法になる。実にわかりやすい。

戦前からの地続きの問題

日本学術会議の独立性や学問の自由が守られることの効能、すなわち専門家が政治から独立することの意義を説いた声明は、①〜④すべての論点を含むものである。特に日本思想史学会総務委員会（＊9）の声明にある「学術会議が社会におけるさまざまな課題について、忌憚なく議論し、意見を発出することは、学術に対する国民の期待に応え、民主主義の充実に寄与する営みです。そのためには、組織としての学術会議の活動が、時々の政権の意向から独立していることが必要不可欠であり、このたびの任命拒否は、その独立性を根本から揺るがす行為」という記述は、簡にして要を得た説明だ。同声明は、日本学術会議法第七条の「推薦に基づいて」という規定の恣意的運用にも警鐘を鳴らす。「今回の措置が、国立大学法人・大学共同利用機関法人の学長・機構長の任命にも拡大適用されるならば、大学・機関から推薦された人物について、文部科学大臣が任命を拒否することも可能になってしまいます。それは、大学・機関の自治を大幅に奪い、そこでの研究・教育の内容を政府が監視・統制することにつながるでしょう」という指摘は、人事を通じて官僚機構や公的機関、公共放送を自らの支配下に置いてきた前・現政権の「実績」を見る限り、もっともな懸念だ。

同様に、歴史を扱う学協会の声明からも軒並み強い危機感が見て取れた。

「私たちは、かつて津田左右吉の『古事記』『日本書紀』研究が国家権力によって弾圧された経緯を熟知しています。『神武紀元二千六百年』の虚構性を暴露するものだったことが当時の国策に抵触したのでした。戦後の上代文学研究者は、日本史研究者とともに、津田の受難を二度と繰り返さないことが研究発展のために必須であると考え、そのために相互努力を惜しまないことを不文律としてきました」（上代文学会）（＊10）。

「今回の事態に私たちは、歴史学を専攻する研究者として、戦前において、久米邦武事件、津田左右吉事件などの諸事件において、歴史学の研究成果が政治的に否定されたこと、あるいは、国民統制を目的にして史実に反する歴史の教育が強制されたことを想起せざるを得ない」（日本歴史学協会）（＊11）。

「もし政治が科学を自らの内に取り込むような事態が生じれば、政治そのものが変質してしまうことになろう。それは、20世紀の人類の悲惨な歴史から、われわれが学び取ったことではなかったのか」（社会文化学会）（＊12）。

「『令和の滝川事件』とも称される今回の措置は、1933年に文部大臣が滝川幸辰京都帝国大学教授を『赤化教授』との評判に基づいて休職処分とした事件や、1935年に当時の学会の通説（天皇機関説）を『不敬』とする声に押されて文部省が美濃部達吉東京帝国大学教授の著書を発禁処分とした事件を思い起こさせる。当時の政府・文部省は強権的措置により学問の自由を抑圧した上で、1936年の日本諸学振興委員会設置、1939年の科学研究費創設、1945年には学術研究会議への研究動員委員会設置などを通じて、『国策』に役立つ『国家有用』の研究だけを選択的に『振興』する体制を整備した」（教育史学会）（＊13）。「日本学術会議は、戦前、日本の科学および科学者が政治権力さらに軍部の支配下に置かれ、戦争に協力加担・動員された痛苦の歴史の反省を踏まえてスタートした。（中略）日中戦争・太平洋戦争で少なくない日本の医学者・医師は、軍に協力し731部隊などで細菌兵器開発のための研究を進め、多くの他国民の虐殺に関与した。しかしこうした戦争医学犯罪に加担した医学者・医師も日本国政府もその詳細を明らかにしてこなかった」（15年戦争と日本の医学医療研究会）（＊14）。

彼らにとって今回の任命拒否騒動は戦前から地続きのものであり、それだけに切実な問題意識があるということだろう。そのことは日本学術会議の誕生後、その独立性を巡って政治家と科学者がどのような綱引きをしてきたのか解説した日本科学史学会会長声明（＊15）を併読することでより深く理解できる。その概括には、「行政的指揮機構からの独立性は、歴史の反省と、科学と社会との当然の関係から、設立当初から謳われてきたものであるが、提言の中には、時として政府施策に批判的なこともあったことは自然でもあった。これに対し、政府は、批判的な意見や姿勢への不満を積もらせ、1983年には日本学術会議法を一部改正するなどで学術会議の力を削ぎ、他方では内閣総理大臣の諮問機関として科学技術会議を設置して科学技術政策に関する諮問機関の役割を果たさせるようにした。2004年の法改正は、学者の総意を結集する『学者の国会』的性格をさらに変質させたが、それでも独立性の保持により科学者間のコミュニケーションを深め、科学発展と成果の利用に必要な客観性、批判性と総合性に立った活動を展開、2008年以降300以上の、多くの提言をしてきた」とあり、今回の任命拒否が突然降って湧いたものではなく、そこに至るレールが80年代から敷かれていたことを示している。問題の深層を理解するには、あらためて科学史の視点に立ち、戦前から戦後、現在への道程を振り返る必要がある。

ジェンダー、人権、SDGsにも関わる

日本女性学会(*16)と女性労働問題研究会(*17)は、今回の騒動や人事介入が女性を含む社会的少数者の置かれた環境や、社会的状況の改善を困難にすることを指摘している。とりわけ後者の主張である「現場で働く女性と研究者が連携し、女性の人権にもとづいた働きやすい社会を作ることを目指してきた当研究会は、さまざまな研究活動を通し、女性労働に対する軽視や蔑視を取り払うことなしに女性の活躍はないことを実証してきました。そうした活動は、先入観を排し、忖度なく実態に即した研究ができる自由と、これをもとに率直に政府に政策提言していける条件の保障なしではありえません。また、そのような研究と提言なしに女性が真に活躍できる政策作りは困難です」という部分は、ハンガリーやポーランドなど旧東側の権威主義政権がジェンダー研究や女性の権利への攻撃を強めている現状を見るに、

あまりに説得的である。さらに言えば、日本学術会議は2017年の第24期新規会員任命に当たって女性の会員を3割以上に増やすアファーマティブ・アクションを行っている（＊18）。前政権は、男女共同参画社会の実現に向け2003年から掲げていた「社会のあらゆる分野において、2020年までに、指導的地位に女性が占める割合が、少なくとも30％程度になるよう期待する」という政治目標を2020年7月にしれっと「30年までの可能な限り早期」に繰り延べ――実質的には10年間の先送りを決定した（＊19）が、学術の世界は3年前に身をもって範を示していたのだ。先進国の中でも群を抜いてジェンダーギャップ指数が低い我が国で現政権がなぜ日本学術会議を目の敵にするのか。ジェンダーという観点からその理由を分析することで、政治と学術の新たな対立構図が見えてくる。

また、日本環境教育学会会長声明（＊20）では「こうした政治介入は、環境や開発、エネルギー政策などで持続可能な社会を実現する観点から、時として政府の施策に批判的な立場をとることもありうる環境教育研究者としても看過できません」と懸念を示した。この問題は女性やマイノリティーの人権や、SDGsにも関わる話なのだ。

国際関係の観点から任命拒否に異議を唱える日本EU学会の声明（＊21）によれば、日本は欧州連合（EU）との間で「価値・原則を共有するパートナー関係を戦略的パートナーシップ協定により法的拘束力をもって結んで」いるという。「協定では法の支配と人権・基本的自由がパートナー関係の基礎として不可欠の要素であると確認」されており、菅政権による理由を説明しない強権的任命拒否はEUのパートナーとしての日本の信頼、つまりは国益を損ないかねない。日独文化研究所所長声明（＊22）にあるように、日本学術会議のドイツにおけるカウンターパートである「学術評議会」の人事が、政治から完全に独立しているからこそ「ドイツにおける人文学の重厚な伝統と批判精神は、このような体制のもとで発展してきた」ということであれば、今回の件を欧州のメディアが白眼視していることもむべなるかな、というわけだ。

前述の日本歴史学協会の声明では、日本学術会議の「答申」により現在の国文学研究資料館が設立され、「公文書散逸防止にむけて」という「勧告」で国立公文書館が設立されたことも明かされる。公文書や統計の改竄→破棄→隠蔽が日常化した現在の政治状況を鑑みれば、日本学術会議の存在意義は疑う余地がない。歴史家たちが「歴史資料・文化財の保全や公文書管理は、現在まさに急務となっており、その充実に学術会議が果たすべき役割はきわめて大きい」とあらためて語る意味を、我々は考えなければならない。

イタリア学会の声明（＊23）は、数多ある学協会声明の中でもとりわけ異彩を放つ。世界で初めて情報公開制度を始めた古代ローマのカエサルの知見から、ギリシャ悲劇、カフカ、ソルジェニーツィンまで縦横無尽に引き、流麗な文体で権力と暴力の本質を暴く豊かな文学的想像力にあふれるこの文章を読めば、なぜ菅政権が理由を明かさぬまま任命拒否を強行するのか、そして「説明と情報公開が民主主義を支える命」であるのかが、十二分に理解できるだろう。比較文明学の立場から聖徳太子の「十七条憲法」の思想を紐解き、為政者への戒めを提言としてまとめた比較文明学会の声明（＊24）もユニークで刺激的だった。

禍を転じて福と為すための戦い

任命拒否発覚から2カ月が経つが、新型コロナウイルスの感染拡大状況もあいまって、この問題への世間的関心はあまり高まっていない。残念ながら、学協会の熱とは裏腹に世間の反応は芳しくない。10月17、18日実施の朝日新聞世論調査（＊25）で、任命除外は「妥当ではない」が36％。「妥当だ」が31％。11月6～9日実施の時事通信世論調査（＊26）では、「妥当ではない」36・7％で「妥当だ」が25・3％。11月7日実施の毎日新聞世論調査（＊27）では、「問題だ」が37％で「問題とは思わない」が44％。いずれも結果が拮抗している状況だ。

木村幹はこの状況を「研究者もなんだかんだ『政府とつるんだ特権階級なんでしょ』というふうに見られていることが理由」であると分析している（＊28）。木村によれば、学術会議の問題は「国家の権威に頼って維持されてきたことにある」という。

権威性で維持される組織は権威主義的な政権にこそ、いいように利用される。木村の指摘は現代的な権威主義を「デモクラシーに住みついたファシズム」と評する三島憲一の議論（＊29）とも通底する。この新しいファシズムは「民主主義体制を殺しはしない。骨抜きにするだけ」という特徴を持ち、「知り合いや特定の業界と結合して、理由や根拠を挙げた議論を避けて、できるだけこっそりと規制緩和や許認可を好きなようにやっていく」ことが常態化するという。別の論考で三島は戦後すぐの調査で「戦時中こそ『学問の自由』が保障されていた」と考える学者が多かった事実を引き、学者こそがこの構造に組み込まれやすく抜けにくいことに警鐘を鳴らした(*30)。学術会議も戦い方を変えなければ世論の支持は得られず、汚濁した政治に飲み込まれて終わるだろう。

この厄介な状況で戦うにはどうすればいいのか。三島の答えは簡潔だ。ただ「警鐘を鳴らすだけではダメ」で、「理由と根拠を挙げて納得していただく」。その際には「譲らない」「妥協しない」ことが肝要であるという。学者たち以上に理由と根拠を挙げて説得する能力がある人間はいない。あとは、彼らがどこまで「譲らない」「妥協しない」を貫けるか。そしてどこまで言葉を噛み砕いて広く一般の人に「納得して」もらえるかということにかかっている。

すべての学協会の声明に目を通して気がかりに感じたのは、この問題に対する文系の学協会と理系の学協会の間の、あるいは日本学術会議に参加している学者と参加していない学者の間の「温度差」である。人文・社会科学の学協会の声明では、自らの研究分野に基づいてこの問題についての知見や提言を明らかにしているのに対し、生命科学や理学、工学といった理系分野の学協会の声明は日本学術会議が出した要望書を支持するに留めたものが多く、またネット上では、とりわけ日本学術会議に参加していない若手研究者からの、今回の任命拒否問題に対する冷ややかな意見が散見された。こうした学術界内部の温度差は、「学術会議改革」（という名の骨抜き）を進めたい勢力への追い風となる。世論を味方に付ける意味でも、この温度差を埋めることが日本学術会議の喫緊の課題と言えるのではないか。

個人的には、日本微生物学連盟の声明（＊31）に、この困難な課題の解決の糸口が見て取れた。声明では、コロナ禍を引き合いに出しながら、日本学術会議の〝現在的〟存在意義を鮮やかな筆致で書いている。

「新型コロナウイルス感染症は、環境破壊による野生動物と人間との接触機会の増加、そして人間の社会活動と人的交流のグローバル化とスピード化の複合的な結果として、引き起こされたものであり、今後も新たな病原体により同様のパンデミックが起こる可能性がある。このように複雑かつ地球規模の危機の背景と影響を理解し、適切な対策の提言を行うには、生命科学、理工学だけでなく、人文社会科学を含む多様な専門家が協力して知恵を出し合うことが必須である。（中略）多くの科学分野の英知と協力が必要であることに加え、科学的エビデンスを中立、公正に国民に提供することが必要である。そのために、人文社会科学、生命科学、理工学を網羅するという、世界でも特異的な構成を持ち、政府から独立、中立の特別の機関として機能してきた日本学術会議の存在意義は、大変大きい」

新型コロナウイルスを引き合いに出し、国民の誰もが当事者になり得ること、その脅威の原因が人間による世界規模の環境破壊問題にあること、解決のために文系・理系分野が協力する必要が生じることを説くことは、政府から独立・中立の機関として日本学術会議のような組織が「機能する」ことの重要性を、わかりやすく広めることに貢献し得る。他方で、日本学術会議の権威的なあり方を、学術界がオープンに議論することは自浄作用として真っ当なことであるが、根元の議論をすっ飛ばし、都合の悪い人材をパージするための「改革」に利用されることだけは避けたい。根元の議論こそが重要であるという姿勢から「譲らない」「妥協しない」こと。それではじめて「納得」がゆく議論ができるというものであろう。

隠岐さや香は朝日新聞のインタビュー(*32)で「皮肉に聞こえるかもしれませんが、個人的には、このタイミングで学術会議の存在が脚光を浴びたことを喜んでいます。(中略)ときの政権がそういう圧力をかけたいと思うくらいには学術会議の知名度や可能性があるんだな、という点については前向きに感じています」と語った。筆者もまったく同感である。

任命拒否問題は、短期的な勝利を目指すのでなく、中長期的かつオープンな視点に立って、学術会議のあり方そのものを変えていく必要がある。学術界が「科学的エビデンスを中立、公正に国民に提供」するためには、何としても政治に完全に取り込まれることだけは防がなければならない。その目的を果たすには、今まで以上にメディアとのコミュニケーションを密に行っていく必要もあるだろう。禍を転じて福と為すための戦いはまだ始まったばかりだ。

*1 佐野格「任命拒否のキーマン　杉田氏、人事の司令塔　関与は『当たり前』」(毎日新聞　２０２０年11月11日)
https://mainichi.jp/articles/20201111/ddm/005/010/061000c

*2 木谷孝洋「事務方トップとして8年、省庁人事に強い影響力　杉田官房副長官」(東京新聞　２０２０年10月14日) https://www.tokyo-np.co.jp/article/61599
山本庸幸、青木純『首相は裸の王様になりかねない』　杉田官房副長官に退任言い渡された元官僚の警告」(毎日新聞　２０２０年11月12日) https://mainichi.jp/articles/20201107/k00/00m/010/136000c

*3 「菅首相、学術会議人事に介入　推薦候補を任命せず」(しんぶん赤旗　２０２０年10月1日) http://www.jcp.or.jp/akahata/aik20/2020-10-01/2020100101_01_1.html

*4 日本学術会議「第25期新規会員任命に関する要望書」(２０２０年10月2日) http://www.scj.go.jp/ja/member/iinkai/kanji/pdf25/siryo301-youbou.pdf

*5 http://anti-security-related-bill.jp/

*6 津田大介「任命拒否、５００学会の抗議声明を読んで」(朝日新聞　２０２０年10月29日　朝刊) https://www.asahi.com/articles/DA3S14675586.html

*7 倉持麟太郎『学術会議問題』致命的に見落とされている視点」(東洋経済オンライン　２０２０年10月15日)
https://toyokeizai.net/articles/-/381769

*8 民主主義科学者協会法律部会「日本学術会議会員の違法な任命行為に抗議し、直ちにその是正を求める」(２０２０年10月16日) http://minka-japan.sakura.ne.jp/main/wp-content/uploads/2020/10/e2924bfbbdbab1b6ab381f716da0c11a.pdf

*9 総合科学技術会議「日本学術会議の在り方について」(２００３年2月26日) https://www8.cao.go.jp/cstp/output/iken030226_1.pdf
日本思想史学会総務委員会「日本学術会議会員任命に関する声明」(２０２０年10月8日) http://ajih.

jp/20201008seimei.pdf

*10 上代文学会「抗議声明」（２０２０年10月12日）http://jodaibungakukai.org/

*11 日本歴史学協会「菅首相による日本学術会議会員の任命拒否に強く抗議する（声明）」（２０２０年10月18日）http://www.nichirekikyo.com/statement/statement20201018.pdf

*12 社会文化学会「日本学術会議新会員に対する任命拒否に抗議し撤回を求める」（２０２０年10月８日）https://japansocio-culture.com/declaration/declaration_20201008/

*13 教育史学会「日本学術会議への政治介入にかかわる教育史学会理事会声明」（２０２０年10月４日）http://kyouikushigakkai.jp/info/2020/1031190518

*14 15年戦争と日本の医学医療研究会「声明　日本学術会議会員人事への政治介入に抗議し、撤回を求める」（２０２０年10月30日）http://war-medicine-ethics.com/Seniken/Seninken_Board/StatementNCJ201030.pdf

*15 木本忠昭（日本科学史学会会長）「政府による学術会議会員候補の任命拒否の撤回をもとめる」（２０２０年10月11日）https://historyofscience.jp/blog/2020/10/13/会長声明%e3%80%80「日本学術会議新会員候補6人の任命/

*16 日本女性学会「日本学術会議会員任命拒否に関する声明」（２０２０年10月８日）https://joseigakkai-jp.org/appeal/1569/

*17 女性労働問題研究会「『日本学術会議』への学問の自由を侵害する政府の介入に抗議します」（２０２０年10月７日）http://ssww.jp/wp-content/themes/hpb20S20191212172431/img/file5.pdf

*18 日本学術会議「日本学術会議における男女共同参画の取り組み」http://www.scj.go.jp/ja/scj/gender/index.html

*19 小野太郎、岡林佐和「『指導的地位に女性3割』先送り　政府、20年までの目標断念」（朝日新聞２０２０年

7月22日） https://www.asahi.com/articles/DA3S14558170.html

＊20 朝岡幸彦（日本環境教育学会会長）「日本環境教育学会会長声明」（２０２０年10月5日） https://www.jsfee.jp/general/message-from-president/436-message-oct-2020

＊21 日本ＥＵ学会「日本学術会議第25期新規会員６名の任命拒否に関する声明」（２０２０年10月20日） http://www.eusa-japan.org/?p=3337

＊22 大橋良介（日独文化研究所所長）「所長メッセージ：本研究所教員の日本学術会議会員任命をめぐる問題について」（２０２０年10月10日） http://www.nichidokubunka.or.jp/pg293.html

＊23 イタリア学会「日本学術会議会員任命拒否についてイタリア学会による声明」（２０２０年10月17日） http://studiit.jp/pdf/声明文（理由付き）.pdf

＊24 比較文明学会「日本学術会議新規会員の任命拒否問題に関する声明」（２０２０年10月23日） http://www.jscsc.gr.jp/article.do?a=79798972906195152

＊25 「内閣支持率53％に下落　不支持は22％　朝日世論調査」（朝日新聞　２０２０年10月18日） https://www.asahi.com/articles/ASNBL6H5CNBLUZPS001.html

＊26 「菅内閣支持微減48・３％　学術会議『説明不足』６割超――時事世論調査」（時事ドットコム　２０２０年11月13日） https://www.jiji.com/jc/article?k=2020111300810&g=pol

＊27 「内閣支持率7ポイント減、57％　『任命拒否は問題』37％　毎日新聞世論調査」（毎日新聞　２０２０年11月8日） https://mainichi.jp/articles/20201108/ddm/001/010/130000c

＊28 木村幹「『だんまり決め込むなら、学術会議はなくなったらいい』木村幹教授の痛烈投稿　その真意は」（毎日新聞　２０２０年10月26日） https://mainichi.jp/articles/20201026/k00/00m/040/096000c

＊29 三島憲一「学術会議は軍事研究に反対する左翼の巣窟なのか?」（論座　２０２０年10月26日） https://webronza.asahi.com/culture/articles/2020102200007.html

＊30 三島憲一「学術会議会員の任命拒否は、人事だからこそ、その理由を言わねばならない」（論座 2020年10月22日）https://webronza.asahi.com/culture/articles/2020102100003.html

＊31 日本微生物学連盟「日本学術会議の役割と第25期新規会員任命について（声明）」（2020年10月26日）http://fmsj.umin.jp/news201026.html

＊32 隠岐さや香「説明しない菅政権と絶対王政の共通点　任命拒否の科学史」（朝日新聞 2020年10月9日）https://www.asahi.com/articles/ASNB74K3YNB2UCVL01B.html

資料編

任命拒否を受けた6人のメッセージ

日本学術会議問題の渦のなかより

2020年10月31日　芦名定道（京都大学）

９月29日の夕方、日本学術会議事務局より、あなたには第25期の会員発令がおりないとの連絡があった。２日後になって、この問題がマスコミで大きく報道され、気がつくと日本学術会議問題の渦中にあったというのが、当初の率直な実感であった。これが、日本学術会議会員任命の法的手続きの問題、そして学問の自由の問題であることは、議論の最初から指摘されており、それはその通りと思いつつも、これが自分自身の問題であると腑に落ちるには少し時間が必要であった。というのも、すでに6年間の連携会員としての経験があり、連携会員としての日本学術会議との関わりは大いに意味のある仕事ではあったものの、それがないと自分の研究活動に何か支障が生じることなど考えられなかったからである（むしろ、時間的に余裕が生じると言うべきか）。

その間に、さまざまなデマ（会員になると金銭的にメリットがある、年金がもらえるというのがデマであることはすでにご存じのとおり）とともに、会員の任命問題が今回急に浮上したものではなく、以前から進みつつあった事態が顕在化したにすぎないことなど、さまざまな事実が明らかになってきた。そこからわかるのは、今回の日本学術会議問題は、特定個人が会員に任命される任命されないという個人的な問題ではなく、国民全体に影響が及ぶような大問題であるということにほかならない。以下、この点について説明してみたい。

おそらく、今回の6人の任命拒否について多くの人が感じたのは、法律関係の専門家に混じって、一人だけやや異質な印象の人物が含まれるという点ではなかっただろうか。それは私のことであり、私自身も同様の第一印象であった。しかし、この任命拒否問題が、内閣府において何年もかけて徐々に積みあげられてきた作業の帰結であったことを考えれば、攻撃対象が日本学術会議自体であったことは明白である。では、なぜ日本学術会議は問題視されたのだろうか。日本学術会議が狙われた最大の理由の一つは、２０１７年3月24日に学術会議幹事会名で出された声明文「軍事的安全保障研究に関わる声明」に見られるような「軍事研究批判」を学術会議が明確に主張し、それが政府の方針と相容れないものと見なされたからと推測できる。この声明は、以前出された声明（１９５０年と67年）の内容を確認したものであり、日本学術会議の創立理念に関わっているが、直接的には２０１５年の防衛装備庁による「安全保障技術研究推進制度」に対する大きな懸念（「政府による研究者の活動への介入が強まる懸念」）に基づいていた。こうした軍事研究をめぐる問題は、憲法や平和の問題に繋がっており、日本各地の大学で現在進行中の事態を重ねれば、学問の自由の問題であることは疑いもない。

最近のアメリカと中国の対立からもわかるように、現代の世界状況は大きな転換点にさしかかっており、学術（科学技術）と政治（国家）との関係はその中で重要テーマとなりつつある。科学技術は国家の浮沈に直結するからである。日本学術会議問題は、こうした大きな渦のなかに位置しているのであり、そう考えると、それが国民一人一人と無関係ではないことも了解いただけるのではないだろうか。

所感

2020年10月2日　宇野重規（東京大学）

このたびの件について、私の思うところを述べさせていただきます。

まず、日本学術会議によって会員に推薦していただいたことに感謝いたします。日本の学術を代表する方々に認めていただき、これ以上の名誉はありません。心より御礼申し上げます。

一方、この推薦にもかかわらず、内閣によって会員に任命されなかったことについては、特に申し上げることはありません。私としては、これまでと同様、自らの学問的信念に基づいて研究活動を続けていくつもりです。政治学者として、日々の政治の推移について、学問的立場から発言していくことに変わりはありません。

民主的社会を支える基盤は多様な言論活動です。かつて自由主義思想家のジョン＝スチュアート・ミルは、言論の自由が重要である理由を以下のように説明しています。もし少数派の意見が正しいとすれば、それを抑圧すれば、社会は真理への道を自ら閉ざしたことになります。仮に少数派の意見が間違っているとしても、批判がなければ多数派の意見は教条化し、硬直化してしまいます。

私は日本の民主主義の可能性を信じることを、自らの学問的信条としています。その信条は今回の件によっていささかも揺らぎません。民主的社会の最大の強みは、批判に開かれ、つねに自らを修正していく能力にあります。その能力がこれからも鍛えられ、発展していくことを確信しています。

首相による学術会議会員任命拒否の違法性

2020年11月20日　岡田正則（早稲田大学）

私の専門である行政法学から今回の菅首相による学術会議会員任命拒否問題をみると、それが違憲・違法であることは次の3点から明白である。

第一に、この任命拒否は、学術会議の独立性を否定して政治に学術を従属させようとするものだという点である。これは、日本学術会議法の制定趣旨（同法1条〜3条）に違反し、また学術機関の自律性を否定する点で、憲法23条（学問の自由）に違反している。

第二に、この任命拒否が推薦名簿に基づかず、学術会議法所定の任命基準と任命手続に反するものである点で、同法7条・17条に違反している。《総理大臣の任命権は、1983年までの当選証書交付の代わりとなる形式だけの権限であり、任命拒否を行うことはできない》という今日に至るまでの正式な政府見解（学術会議法の解釈に関する国会答弁）にも反する、国会冒瀆の違憲行為でもある（憲法66条3項・72条違反）。

第三に、手続上も違法である。菅首相は「今回の任命の決定にあたって学術会議から提出された推薦リストを見ていない」と明言した。そうすると、今回の任命拒否は学術会議からの推薦リストに基づいていないことになり、違法である。さらに、「閣議にかけて決定した方針」がない点で内閣法6条違反でもある。

10月末から始まった臨時国会で、菅首相は、2018年11月13日付の内閣府内部文書を唯一の根拠として、「学術会議の推薦どおりに任命する義務はない」と繰り返し答弁しているが、これはまったくの虚偽である。首相が行いうるのは、事務処理としての任命だけであって、憲法15条1項の選任権・罷免権を国民から付託されているのは学術会議である。また、首相は答弁で任命拒否の理由を「多様性の確保」などと説明し出したが、6名の排除は「多様性の確保」に逆行するもので、自ら矛盾を露呈させている。

〝魚は頭から腐る〟というが、〝政治は真ん中から腐る〟といえる。2013年以来、政権は権力維持のために、権力暴走のブレーキとなる法的仕組みを次々と破壊してきた。中央省庁人事の官邸支配、内閣法制局の破壊、モリ・カケ・サクラ等での公文書管理破壊（つまり国民監視の排除）、辺野古埋立てでの地方自治破壊、検察官人事支配による政権犯罪取締りの排除、そして学術会議人事への介入である。今後、大学、メディア、弁護士会等の公共団体、一般市民の活動へと、違法で恣意的な政治権力の介入が拡大することが危惧される。

政治権力のこうした暴走は、世界共通の現象になりつつある。今、私たちの世界では、人間生活の基本、つまり「人を産み、育て、尊重し、看取る」という生活そのものが利潤獲得の手段に組み込まれようとしているが、人々はさまざまな形でこれに抗議の声をあげている。こうした動きを違法な権力行使とフェイクで押さえ込もうとして暴走しているのが、各国における権力の現状であろう。人間生活の基本を支える政治へと転換することが求められている。

憲法の危機としての日本学術会議問題

2020年11月19日　小澤隆一（東京慈恵会医科大学）

菅義偉首相による私を含む日本学術会議（以下、学術会議）会員候補6名の任命拒否は、この間の国会審議を通じて、その道理のなさがより一層際立ってきました。首相は、国会での答弁で、任命拒否の理由として、「民間出身者や若手が少ない」、「出身や大学に偏りがみられる」などと言い出しましたが、これらは、学術会議自体のこの間の改革努力によって、是正されてきているものです。首相がなぜか口にしない会員の男女比もしかりです。また、過去には「事前調整」をしたのに今回はしなかったから任命を見送ったのだなどとも強弁しています。学術会議法のどこにも、推薦された会員候補の任命を首相がこうした理由で拒否できるとする法的根拠はありません。「事前調整」などは、学術会議の会員選考権への干渉、その侵害です。支離滅裂な理由を次々と持ち出す菅首相の態度は、法治主義に反するものとして断じて許されません。

また、首相は、憲法15条1項で国民固有の権利とされている「公務員の選定・罷免権」を持ち出して自己の任命拒否の正当化をはかっています。この国民固有の権利の具体化は、国民を代表する国会の権限であり、その国会が定めた学術会議法は、会員の選定・罷免の実質的決定を学術会議に委ねています。首相にはこの法律を「誠実に執行」する義務があります。学術会議法に反する任命拒否こそ、憲法15条が定める国民の権利を侵害するものです。

菅首相は、今回の任命拒否は、会員の学問の自由の侵害には当たらない、学術会議の独立性を侵すものではないとしていますが、これは、学問の自由の意義を見誤るものです。学術会議の会員人事が、学術会議の会員、連携会員、多くの学協会の協力の下で自律的に行われることは、学術会議が政府や社会に対して学術に基礎づけられた勧告や提言を独立して行う上で不可欠のことであり、それは憲法23条が保障する学問の自由から導かれることです。今回の事態を発端にして異論を排除する政治が横行し、「物言えぬ社会」の風潮が強まるならば、思想の自由、表現の自由、信教の自由などの精神的自由権、すなわち憲法そのものの危機と言わざるを得ません。

今回の任命拒否は、これまで「首相の任命権は形式的なもの」、「任命拒否は想定されていない」と説明してきたものを、「学術会議の推薦のとおりに任命する義務はない」と勝手に法解釈を変更して行ってきたものです。憲法解釈、法解釈の勝手な変更による政治の暴走、人事権の行使による強権支配は、安倍政権下で際立ってきました。それは、２０１５年の安保法制の強行、その前年の集団的自衛権容認の閣議決定、それに先立つ内閣法制局長官人事によって「先鞭」がつけられました。法の支配の破壊と人事権を使った強権支配が、平和と民主主義、そして憲法にとって重大な脅威となっていることを強く訴えたいと思います。

代読していただく「所感」

ＦＣＣＪ（日本外国特派員協会）Press Conference: "Science Council of Japan Controversy"

２０２０年10月23日　加藤陽子（東京大学）

本日はやむをえない事情での欠席で、せっかくの機会を活かすことができず残念です。東京電力福島第一原子力発電所の事故以来、特に顕著になった、科学的知見と政策決定との間の緊張関係について、日本のメディアにも増して熱心に、正確な報道を心がけてくださったＦＣＣＪの皆様の活動に、深く感謝申し上げます。

今回の任命拒否を受けて感じたのは第一に、２０１１年施行の公文書管理法制定まで有識者として関係してきた人間である私からすれば、法解釈の変更なしには行えない違法な決定を、今回、菅総理大臣がなぜ行ったのか、その意思決定の背景を説明できる決裁文書があるのかどうか、これを政府側に尋ねてみたいということです。

今回の任命拒否の背景を考える際に、留意すべき点があります。それは、拒否された6人全員が、学術会議第一部（人文・社会科学）の会員候補だったことです。日本の科学技術の生き残りをかけるため1995年に制定された重要な法律に科学技術基本法というものがありますが、この法は今年25年ぶりに抜本的に改正され、「科学技術・イノベーション基本法」となりました。改正前の法律では、「人文・社会科学」は、科学技術振興策の対象ではありませんでした。つまり、法律から除外されていた分野だったのです。しかし、新法である科学技術・イノベーション基本法では、人文・社会科学に関係する科学技術を法の対象に含めることになりました。世の中のSNS上では、「役に立たない学問分野の人間が切られた」との冷笑的な評価がありましたが、真の事態は全く逆で、人文・社会科学の領域が、新たに、科学技術政策の対象に入ったことを受けて、政府側が、改めて、この領域の人選に強い関心を抱く動機づけを得たことが事の核心にあると、私は歴史家として考えます。新法の下では、内閣府の下に、「科学技術・イノベーション推進事務局」が司令塔として新設されるといいます。自然科学に加えて、人文・社会科学も、「資金を得る引換えに政府の政策的な介入」を受ける事態が生まれます。

日本の現在の状況は、科学力の低下、データ囲い込み競争の激化、気候変動を受け、「人文・社会科学の知も融合した総合知」を掲げざるをえない緊急事態にあり、ならば、その領域の学術会議会員に対して、政府側の意向に従順ではない人々を、予め切っておく、このような事態が進行したのだと思います。

「科学技術」という日本語は、意外にも新しい言葉であり、1940年8月、総力戦のために科学技術を総動員した際に用いられ始めた言葉でした。この度、政府は、「科学技術・イノベーション」という新しい言葉を創りましたが、国民からの付託がない、官僚による科学への統制と支配は、国民の幸福を増進する道ではありません。私は学問の自律的な成長と発展こそが、日本の文化と科学の発展をもたらすと信じています。


『毎日新聞』2020年10月1日電子版掲載

所感

加藤陽子（東京大学）

今、多くのメディアは、任命されなかった私たち6人に「なぜ任命されなかったのか」を尋ねている。いかなる研究者の、いかなる研究内容が官邸に忌避されたのかを、国民の知る権利についての付託に応えるために探るのは、もちろん理解できる。

しかし、「なぜ任命されなかったと考えているか」を被推薦者に尋ねる思考回路は本末転倒でもある。首相が学術会議の推薦名簿の一部を拒否するという、前例のない決定をなぜしたのか、それを問題にすべきだ。この決定の背景を説明できる協議文書や決裁文書は存在するのだろうか。

私は学問の自由という観点からだけでなく、この決定の経緯を知りたい。有識者として、小泉政権で福田康夫官房長官が始めた公文書管理についての有識者懇談会に参加し、公文書の作成管理についての政府の統一ルールを定めた公文書管理法の成立を福田元首相や上川陽子法相とともに見届けた人間として、この異例の決定の経緯を注視したいのだ。

学術会議は、新会員の推薦を極めて早くから準備していた。今年2月初旬の段階で、内閣府は被推薦人の名前、業績などをつかんでいたはずである。8月末には内閣府から官邸へ名簿と写真もあがっていたはずだ。にもかかわらず、新しい学術会議が発足する2日前の9月29日夕に、任命拒否を連絡してくるというのは、どうしたことだろうか。これは、多くの分科会を抱えており、国際会議も主催すべき学術会議会員の、国民から負託された任務の円滑な遂行を妨害することにほかならないのではないか。学術会議の担う任務について、官邸は考慮に入れていなかったのか。人事の話だから公にできないというのであっても、早期に内閣府や学術会議へ連絡し、より適切な、優れた学術の成果のある人に代えればよいだけの話だ。

なぜ、この1カ月もの間、(学術会議会員の人事を)たなざらしにしたのか。その理由が知りたい。そのうえで、官邸が従来通りに、推薦された会員をそのまま承認しようとしていたにもかかわらず、もし仮に、最終盤の確認段階で止めた政治的な主体がいるのだとすれば、それは「任命」に関しての裁量権の範囲を超えた対応である。念のため、付言しておく。

「学問の自由」と日本学術会議の役割

2020年11月21日　松宮孝明（立命館大学）

総理が任命する会員数は法律に明記

日本学術会議の会員の人数や任期は、日本学術会議法の第7条第1項に「日本学術会議は、二百十人の日本学術会議会員（以下「会員」という。）をもつて、これを組織する」と定められています。また、同条第2項には「会員は、第十七条の規定による推薦に基づいて、内閣総理大臣が任命する」とあり、同条第3項で「会員の任期は、六年とし、三年ごとにその半数を任命する」となっています。つまり、内閣総理大臣が3年ごとに任命する会員数は「一〇五名」と条文に明記されているのです。

それにも関わらず、菅総理が推薦された者の中から99名しか任命しなかったのは明らかな法律違反です。

日本学術会議の基本的な性格

日本学術会議法の前文には「日本学術会議は、科学が文化国家の基礎であるという確信に立つて、科学者の総意の下に、わが国の平和的復興、人類社会の福祉に貢献し、世界の学界と提携して学術の進歩に寄与することを使命とし、ここに設立される」（傍点筆者）とあります。

つまり、日本学術会議は、狭い意味での日本の学術あるいは日本国民の福祉だけを考えるのではなく、日本で学術研究をする者にとって、その成果は世界の人類社会の福祉に貢献することが求められており、それに寄与することを使命とする組織なのです。

日本学術会議と「学問の自由」との関係

学術会議の会員でなくても「学問の自由」は享受できるといった誤解が散見されます。しかし、会員でなくても「学問の自由」が享受できるのは当たり前のことです。そうではなくて、日本学術会議は日本における「学問の自由」を保障するための制度の一つなのです。

日本学術会議法の第3条には、日本学術会議は独立して職務を行うと明記されています。ところが、内閣総理大臣の意に沿わない会員候補を自由に拒否できるとなれば、「独立して」と条文に記されている意味がなくなります。そのことは、日本学術会議の活動によって、間接的に影響を受ける日本の「学問の自由」にも悪影響が出るため、今回の事件は「学問の自由」の危機であるといわれるのです。

法治主義の危機

また、日本学術会議法には、内閣総理大臣は「推薦に基づいて…（中略）…任命する」（第7条第2項）としか書いておらず、総理に研究業績を評価する役割は期待されていません。それは、第25条と第26条に定められた会員の罷免の手続きにおいても、内閣総理大臣の権限は非常に制約されていることからも明らかで、あくまで形式的任命であり、事実上、裁量の余地はないのです。
ところが、2年前に内閣府と法制局、学術会議の事務局員の誰かによって、推薦通りに任命するのは義務ではないという文書が密かに作られたのです。日本学術会議の会長も知らないような秘密文書を作っただけで解釈を修正できるというのは、相撲に例えるなら誰も知らないうちに土俵を動かしてしまったようなものです。

行政を縛るはずのルールを皆の知らないところで変えてしまうのは、日本は法治主義、法治国家ではないと宣言したに等しいことです。総理大臣が法律を守らずに政治をやることは、まさに法治主義の危機といえます。

独裁国家の解釈を強弁

さらに加藤官房長官などは、憲法15条1項を持ち出して、日本の公務員の選定、罷免の権利は国民固有の権利と書いてあるから、内閣総理大臣が任命・罷免をできると主張しています。

しかし、公務員の地位が究極的には国民に由来するという国民主権を確認した憲法15条1項によって、他の法律で決まっているルールを全て無視できるとなれば、日本の公務員は内閣総理大臣によって、好き放題に任命も罷免もできるということに等しいのであり、それは独裁国家にほかなりません。

軍事研究と学問の自由

日本学術会議は、大学などが応募可能な防衛省の予算を用いたような軍事研究に慎重な態度を示しています。この点で、大事なことは、守秘義務を伴う軍事研究それ自体が「学問の自由」を害するものであるということです。

仮に守秘義務を伴う軍事研究で成果を上げたとしても、それを公表することはできません。それどころか、公表すれば特定秘密保護法に違反して犯罪になってしまいます。成果を公表できなければ、研究者としてのキャリアアップの道も閉ざされてしまいます。学問研究の成果は人類社会の福祉に用いられなければならないと考えると、公表の自由も「学問の自由」の一つを成しているものです。その意味でも、守秘義務のある軍事研究と「学問の自由」は相容れないものなのです。

今こそ「学問の自由」を考えよう

今回の任命拒否は、戦前に起こった京都大学の「瀧川事件」（または「京大事件」）を彷彿させるというお話があります。たしかに、「学問の自由」という点で共通する側面もありますので、その点も含めて今回の事件を幅広く議論していただき、問題点の理解を深めていただくことを希望します。

公表された声明文から

日本学術会議会員任命拒否に関して

2020年10月5日
法政大学総長　田中優子

日本学術会議が新会員として推薦した105名の研究者のうち6名が、内閣総理大臣により任命されなかったことが明らかになりました。日本学術会議は10月2日に総会を開き、任命しなかった理由の開示と、6名を改めて任命するよう求める要望書を10月3日、内閣総理大臣に提出しました。

日本学術会議は、戦時下における科学者の戦争協力への反省から、「科学が文化国家の基礎であるという確信に立って、科学者の総意の下に、わが国の平和的復興、人類社会の福祉に貢献し、世界の学界と提携して学術の進歩に寄与する」(日本学術会議法前文) ことを使命として設立されました。内閣総理大臣の所轄でありながら、「独立して」(日本学術会議法第3条) 職務を行う機関であり、その独立性、自律性を日本政府および歴代の首相も認めてきました。現在、日本学術会議の会員は、ノーベル物理学賞受賞者である現会長はじめ、各分野における国内でもっともすぐれた研究者であり、学術の発展において大きな役割を果たしています。内閣総理大臣が研究の「質」によって任命判断をするのは不可能です。

また、日本国憲法は、その研究内容にかかわりなく学問の自由を保障しています。学術研究は政府から自律していることによって多様な角度から真理を追究することが可能となり、その発展につながるからであり、それがひいては社会全体の利益につながるからです。したがってこの任命拒否は、憲法23条が保障する学問の自由に違反する行為であり、全国の大学および研究機関にとって、極めて大きな問題であるとともに、最終的には国民の利益をそこなうものです。しかも、学術会議法の改正時に、政府は「推薦制は形だけの推薦制であって、学会の方から推薦いただいたものは拒否しない」と国会で答弁しており、その時の説明を一方的に反故にするものです。さらに、この任命拒否については理由が示されておらず、行政に不可欠な説明責任を果たしておりません。

本学は2018年5月16日、国会議員によって本学の研究者になされた、検証や根拠の提示のない非難、恫喝や圧力と受け取れる言動に対し、「データを集め、分析と検証を経て、積極的にその知見を表明し、世論の深化や社会の問題解決に寄与することは、研究者たるものの責任」であること、それに対し、「適切な反証なく圧力によって研究者のデータや言論をねじふせるようなことがあれば、断じてそれを許してはなりません」との声明を出しました。そして「互いの自由を認めあい、十全に貢献をなしうる闊達な言論・表現空間を、これからもつくり続けます」と、総長メッセージで約束いたしました。

その約束を守るために、この問題を見過ごすことはできません。

任命拒否された研究者は本学の教員ではありませんが、この問題を座視するならば、いずれは本学の教員の学問の自由も侵されることになります。また、研究者の研究内容がたとえ私の考えと異なり対立するものであっても、学問の自由を守るために、私は同じ声明を出します。今回の任命拒否の理由は明らかにされていませんが、もし研究内容によって学問の自由を保障しあるいは侵害する、といった公正を欠く行為があったのだとしたら、断じて許してはなりません。

このメッセージに留まらず、大学人、学術関係者はもとより、幅広い国内外のネットワークと連携し、今回の出来事の問題性を問い続けていきます。

全員を任命すべきである——政府の日本学術会議会員任命拒否をめぐって

2020年10月8日
日本ペンクラブ会長　吉岡 忍

今般、菅義偉首相が日本学術会議の一部会員の任命を拒否したことは、学問の自由の侵害であり、言論表現の自由、思想信条の自由を揺るがす暴挙であることは明らかである。このような決定の背後に何があるのか、日本学術会議とアカデミズムがこれにどう対処するのか、私たちは当初から注視してきた。

この間、安倍首相、菅官房長官時代の2016年、官邸は学術会議が提起した会員補充を認めず、2017年には、交代定数105名を超える名簿の提出を求めていたことが判明した。さらに2018年、「首相による任命は形式的にすぎない」としてきた従来の政府見解を、首相の公務員に対する指揮監督権を根拠に、「推薦のとおりに任命すべき義務があるとまでは言えない」として、根本的にくつがえしていたことも明らかになった。

国会審議も社会的議論もないまま進められたこれらの動きは、水面下での恣意的な法の解釈と人事によって政治をねじ曲げる手法そのものであり、すでに前政権の安保法制や検事長定年延長問題等でも世論の強い批判を浴びてきたところである。発足したばかりの菅政権のほぼ最初の仕事がこのような陰険なものであることに、私たちは暗澹とする。

私たち日本ペンクラブは菅首相に、今回任命しなかった6名について、その理由を具体的に開示することとともに、それができないのであれば、ただちに任命するよう強く求める。

また、今般の出来事は、政府に学問が従属し、多大な犠牲をもたらした戦前戦中の反省から出発した日本学術会議の存立に関わり、ひいては日本のアカデミズム全体の自由と独立性と使命にも影響する問題と言わなければならない。任期中の会員は広い意味での公務員として働くことがあるが、何より公務員は「全体の奉仕者であって、一部の奉仕者ではない」（憲法第15条2）。

私たちは日本学術会議の関係者および個々の会員がこの原則に立ち、さらに同会議法が掲げる「科学が文化国家の基礎であるという確信」に基づいて、この問題に毅然と対応することを期待したい。

日本学術会議の新会員任命拒否に反対する声明

2020年10月26日
現代歌人協会理事長　栗木　京子
日本歌人クラブ会長　藤原龍一郎

私たち現代歌人協会と日本歌人クラブは、菅義偉首相が、日本学術会議の6名の新会員の任命を拒否したことに、強く抗議します。

日本学術会議の新会員は、「(選考委員会の)推薦に基づいて、内閣総理大臣が任命する。」(日本学術会議法)と定められており、「これは、学会あるいは学術集団から推薦に基づいて行われるので、政府が行うのは形式的任命にすぎません。」(第98回国会　参議院文教委員会　昭和58年5月12日)と、中曽根康弘内閣総理大臣(当時)も明言しています。

今回、菅義偉内閣総理大臣が任命拒否したことについて、〈日本学術会議法の解釈変更を行ったものではない〉という主旨の答弁を、10月7日の衆議院内閣委員会で内閣府副大臣が行っていますが、これは明らかに非合理的な発言です。

また、６名の新会員の任命を拒否した理由を、菅政権は明確にしていません。これは不誠実な態度です。

このような、非合理かつ不誠実な政治の言葉が許されるならば、日本語ひいては国民相互の信頼性が大きく毀損されます。私たち、短歌という日本古来の言語芸術に関わる表現者は、こうした言葉を看過できません。物事の道理にそった言葉を尊重する政治を、私たちは切実に求めてきました。

日本学術会議は、戦時中に、科学者や研究者が戦争を推進する国家に協力してしまったことへの反省に基づいて設立されました。そのため、「政府から独立して職務を行う『特別の機関』」と位置づけられています。これは、日本国憲法第23条で定められた「学問の自由」を基盤としています。今回の任命拒否は、学術会議の独立性、さらには「学問の自由」を脅かす政治的手段として見逃すことができません。

短歌の世界でも、昭和15年（１９４０年）に大日本歌人協会が、国家に協力的でない会員がいると非難されて解散に追い込まれる事件がありました。今であれば、これは日本国憲法第21条「集会、結社及び言論、出版その他一切の表現の自由は、これを保障する。検閲は、これをしてはならない。通信の秘密は、これを侵してはならない。」に抵触します。表現者にとって、この条文は、個々の自由な言語表現を保障するとともに、現代歌人協会や日本歌人クラブのような職能機能を含む短歌活動の自由を保障するものでもあります。

くしくも今年は、大日本歌人協会の解散から、80年になります。私たちはこのような過去を忘れず、科学者や芸術家などの文化団体に対する政治の介入に、厳しく抗議しなければならないと考えます。

今回の任命拒否をきっかけにして、政府に逆らう学者や研究者は排除すべきだ、という短絡的な言説も出てきました。ここから、政府に逆らう表現者（歌人を含む）は排除すべきだ、という風潮までは、わずかな距離しかありません。それは、日本ばかりでなく、世界の歴史を振り返れば明らかです。すなわち国の健全な学問や文化の発展を根本から瓦解させるものとなります。

任命拒否を速やかに撤回し、今回の問題を分かり易い言葉で国民に説明してください。政治に対する健全な批判が自由闊達に行われる社会を実現することを、私たちは菅政権に要請します。

2020年10月5日

日本学術会議への人事介入に対する抗議声明

青山真治（映画監督）、荒井晴彦（脚本家、映画監督）、井上淳一（脚本家、映画監督）、大島新（映画監督）、金子修介（映画監督）、小中和哉（映画監督）、小林三四郎（配給）、是枝裕和（映画監督）、佐伯俊道（脚本家、協同組合日本シナリオ作家協会理事長）、白石和彌（映画監督）、瀬々敬久（映画監督）、想田和弘（映画監督）、田辺隆史（プロデューサー）、塚本晋也（映画監

督）、橋本佳子（プロデューサー）、古舘寛治（俳優）、馬奈木厳太郎（プロデューサー、弁護士）、三上智恵（映画監督）、森重晃（プロデューサー）、森達也（映画監督）、安岡卓治（プロデューサー）、綿井健陽（映画監督・ジャーナリスト）。

菅義偉首相は、政府から独立して政策提言する日本学術会議の新会員について、会議が推薦した105名のうち6名を任命しませんでした。

同会議が推薦した候補を首相が拒否するのは本来あってはならないことです。1983年には当時の中曽根康弘首相が「政府が行うのは形式的任命にすぎない。学問の自由独立はあくまで保障される」と答弁しています。この答弁を引き合いに出すまでもなく、憲法23条は「学問の自由は、これを保障する」と定めています。この規定は、単に個人が国家から介入を受けずに学問ができることだけでなく、大学など公的な学術機関が介入を受けずに学問できることまで保障しているとの考えが通説になっています。元々、日本学術会議は、第二次世界大戦に科学が協力したことを反省し、1949年に設立されたもので、内閣総理大臣が所管し、経費は国費負担としつつも、独立して職務を行う「特別な機関」と位置づけられました。

除外された6人の候補者は、安保法制や共謀罪に異を唱えた学者たちです。今回の任命拒否は、会議の理念を踏みにじるだけでなく、「会議の自律性とそれによって守られる学問の自由への挑戦」であり「政府に批判的な研究者を狙い撃ちにし、学問の萎縮効果を狙ったとみられても仕方ない」（江藤祥平上智大学准教授）ものです。

内閣法制局は、安倍政権時代の2018年11月、同会議から推薦された人を「必ず任命する必要はない」ことを内閣府が示し、了承したことを認めています。その2年前2016年にも同会議の補充人事に難色を示し、3人の欠員が補充できませんでした。安倍政権がずっと狙っていたことを菅政権が今回、ついに実行に移したのです。案の定、菅首相は「法に基づいて適切に対応した結果だ」と答え、加藤勝信官房長官も「政府として（任命除外の）判断をした。判断を変えることはない」という考えを示しました。菅政権は「説明責任」を果たさないことも また継承したようです。また、菅首相は総裁選前のテレビ討論会で「政権の方向性に反対する官僚は異動」と公言していました。その矛先が学者、研究者に向けられたのです。次にその牙はどこに向けられるのでしょうか？

この問題は、学問の自由への侵害のみに止まりません。これは、表現の自由への侵害であり、言論の自由への明確な挑戦です。

それは今に始まったことでなく、安倍政権の7年8ヶ月間続いている、そして、「あいちトリエンナーレ」の助成金一時不交付から顕著になったことだと考えます。

今回の任命除外を放置するならば、政権による表現や言論への介入はさらに露骨になることは明らかです。もちろん映画も例外ではない。

ナチスが共産主義者を攻撃し始めたとき、私は声をあげなかった。なぜなら私は共産主義者ではなかったから。

次に社会民主主義者が投獄されたとき、私はやはり抗議しなかった。なぜなら私は社会民主主義者ではなかったから。

労働組合員たちが攻撃されたときも、私は沈黙していた。だって労働組合員ではなかったから。

そして彼らが私を攻撃したとき、私のために声をあげる人は一人もいなかった。

マルティン・ニーメラー

私たちはこの問題を深く憂慮し、怒り、また自分たちの問題と捉え、ここに抗議の声を上げます。

私たちは、日本学術会議への人事介入に強く抗議し、その撤回とこの決定に至る経緯を説明することを強く求めます。

第 25 期新規会員任命に関する要望書

令和 2 年 10 月 2 日

内閣総理大臣 菅 義偉 殿

日本学術会議第 181 回総会

第 25 期新規会員任命に関して、次の 2 点を要望する。

1. 2020 年 9 月 30 日付で山極壽一前会長がお願いしたとおり、推薦した会員候補者が任命されない理由を説明いただきたい。

2. 2020 年 8 月 31 日付で推薦した会員候補者のうち、任命されていない方について、速やかに任命していただきたい。

日本学術会議法

昭和二十三年七月十日
法律第百二十一号

改正

昭和二四年　五月三一日法律第一三三号
同　二四年一二月一二日同　第二五二号
同　二五年三月七日同第　四号
同　三一年　三月二三日同　第二一号
同　三一年　三月二四日同　第二七号
同　三六年　六月一七日同　第一四五号
同　三九年　六月一九日同　第一一〇号
同　五八年一一月二八日同　第六五号
平成一一年　七月一六日同　第一〇二号
同　一六年　四月一四日同　第二九号

日本学術会議法をここに公布する。

日本学術会議法

日本学術会議は、科学が文化国家の基礎であるという確信に立つて、科学者の総意の下に、わが国の平和的復興、人類社会の福祉に貢献し、世界の学界と提携して学術の進歩に寄与することを使命とし、ここに設立される。

第一章　設立及び目的

第一条　この法律により日本学術会議を設立し、この法律を日本学術会議法と称する。

2　日本学術会議は、内閣総理大臣の所轄とする。

3　日本学術会議に関する経費は、国庫の負担とする。

（平一一法一〇二・平一六法二九・一部改正）

第二条　日本学術会議は、わが国の科学者の内外に対する代表機関として、科学の向上発達を図り、行政、産業及び国民生活に科学を反映浸透させることを目的とする。

第二章　職務及び権限

第三条　日本学術会議は、独立して左の職務を行う。

一　科学に関する重要事項を審議し、その実現を図ること。

二　科学に関する研究の連絡を図り、その能率を向上させること。

第四条　政府は、左の事項について、日本学術会議に諮問することができる。

一　科学に関する研究、試験等の助成、その他科学の振興を図るために政府の支出する交付金、補助金等の予算及びその配分

二　政府所管の研究所、試験所及び委託研究費等に関する予算編成の方針

三　特に専門科学者の検討を要する重要施策

四　その他日本学術会議に諮問することを適当と認める事項

第五条　日本学術会議は、左の事項について、政府に勧告することができる。

一　科学の振興及び技術の発達に関する方策

二　科学に関する研究成果の活用に関する方策

三　科学研究者の養成に関する方策

四　科学を行政に反映させる方策

五　科学を産業及び国民生活に浸透させる方策

六　その他日本学術会議の目的の遂行に適当な事項

第六条　政府は、日本学術会議の求に応じて、資料の提出、意見の開陳又は説明をすること

ができる。

第六条の二　日本学術会議は、第三条第二号の職務を達成するため、学術に関する国際団体に加入することができる。

２　前項の規定により学術に関する国際団体に加入する場合において、政府が新たに義務を負担することとなるときは、あらかじめ内閣総理大臣の承認を経るものとする。

（昭三一法二一・追加、平一一法一〇二・平一六法二九・一部改正）

第三章　組織

第七条　日本学術会議は、二百十人の日本学術会議会員（以下「会員」という。）をもつて、これを組織する。

２　会員は、第十七条の規定による推薦に基づいて、内閣総理大臣が任命する。

３　会員の任期は、六年とし、三年ごとに、その半数を任命する。

４　補欠の会員の任期は、前任者の残任期間とする。

５　会員は、再任されることができない。ただし、補欠の会員は、一回に限り再任されることができる。

６　会員は、年齢七十年に達した時に退職する。

７　会員には、別に定める手当を支給する。

８　会員は、国会議員を兼ねることを妨げない。

（昭二四法二五二・昭二五法四・昭五八法六五・平一六法二九・一部改正）

第八条　日本学術会議に、会長一人及び副会長三人を置く。

２　会長は、会員の互選によつて、これを定める。

3　副会長は、会員のうちから、総会の同意を得て、会長が指名する。
4　会長の任期は、三年とする。ただし、再選されることができる。
5　副会長の任期は、三年とする。ただし、再任されることができる。
6　補欠の会長又は副会長の任期は、前任者の残任期間とする。

（平一六法二九・一部改正）

第九条　会長は、会務を総理し、日本学術会議を代表する。
2　副会長は、会長を補佐し、会長に事故があるときは、会長の指名により、いずれかの一人が、その職務を代理する。

第十条　日本学術会議に、次の三部を置く。

第一部
第二部
第三部

（平一六法二九・全改）

第十一条　第一部は、人文科学を中心とする科学の分野において優れた研究又は業績がある会員をもつて組織し、前章の規定による日本学術会議の職務及び権限のうち当該分野に関する事項をつかさどる。
2　第二部は、生命科学を中心とする科学の分野において優れた研究又は業績がある会員をもつて組織し、前章の規定による日本学術会議の職務及び権限のうち当該分野に関する事項をつかさどる。
3　第三部は、理学及び工学を中心とする科学の分野において優れた研究又は業績がある会員をもつて組織し、前章の規定による日本学術会議の職務及び権限のうち当該分野に関する事項をつかさどる。
4　会員は、前条に掲げる部のいずれかに属するものとする。
（昭五八法六五・平一六法二九・一部改正）
第十二条　各部に、部長一人、副部長一人及び幹事二人を置く。
2　部長は、その部に属する会員の互選によつて定める。
3　副部長及び幹事は、その部に属する会員のうちから、部会の同意を得て、部長が指名する。
4　第八条第四項及び第六項の規定は部長について、同条第五項及び第六項の規定は副部長及び幹事について、それぞれ準用する。（平一六法二九・全改）
第十三条　部長は、部務を掌理する。
2　副部長は、部長を補佐し、部長に事故があるときは、その職務を代理する。
3　幹事は、部長の命を受け、部務に従事する。
第十四条　日本学術会議に、その運営に関する事項を審議させるため、幹事会を置く。
2　幹事会は、会長、副会長、部長、副部長及び幹事をもつて組織する。
3　日本学術会議は、第二十八条の規定による規則（以下この章及び次章において「規則」という。）で定めるところにより、前章の規定による日本学術会議の職務及び権限の一部を幹事会に委任することができる。
（昭五八法六五・平一六法二九・一部改正）
第十五条　日本学術会議に、会員と連携し、規則で定めるところにより第三条に規定する職務の一部を行わせるため、日本学術会議連携会員（以下「連携会員」という。）を置く。
2　連携会員は、優れた研究又は業績がある科学者のうちから会長が任命する。
3　連携会員は、非常勤とする。
4　前三項に定めるもののほか、連携会員に関し必要な事項は、政令で定める。

（平一六法二九・全改）

第十五条の二　日本学術会議に、規則で定めるところにより、会員又は連携会員をもつて組織される常置又は臨時の委員会を置くことができる。

（昭五八法六五・追加、平一六法二九・一部改正）

第十六条　日本学術会議に、事務局を置き、日本学術会議に関する事務を処理させる。

2　事務局に、局長その他所要の職員を置く。

3　前項の職員の任免は、会長の申出を考慮して内閣総理大臣が行う。

（昭二四法一三三・昭三一法二一・平一一法一〇二・平一六法二九・一部改正）

第四章　会員の推薦（昭五八法六五・全改）

第十七条　日本学術会議は、規則で定めるところにより、優れた研究又は業績がある科学者のうちから会員の候補者を選考し、内閣府令で定めるところにより、内閣総理大臣に推薦するものとする。

（平一六法二九・全改）

第十八条から第二十二条まで　削除（平一六法二九）

第五章　会議

第二十三条　日本学術会議の会議は、総会、部会及び連合部会とする。

2　総会は、日本学術会議の最高議決機関とし、年二回会長がこれを招集する。但し、必要があるときは、臨時にこれを招集することができる。

3　部会は、各部に関する事項を審議し、部長がこれを招集する。

4　連合部会は、二以上の部門に関連する事項を審議し、関係する部の部長が、共同

してこれを招集する。（昭五八法六五・旧第二十二条繰下）

第二十四条　総会は、会員の二分の一以上の出席がなければ、これを開くことができない。

2　総会の議決は、出席会員の多数決による。

3　部会及び連合部会の会議については、前二項の規定を準用する。

（昭五八法六五・旧第二十三条繰下）

第六章　雑則（昭五八法六五・旧第七章繰上）

第二十五条　内閣総理大臣は、会員から病気その他やむを得ない事由による辞職の申出があつたときは、日本学術会議の同意を得て、その辞職を承認することができる。

（昭五八法六五・全改）

第二十六条　内閣総理大臣は、会員に会員として不適当な行為があるときは、日本学術会議の申出に基づき、当該会員を退職させることができる。

（昭五八法六五・全改、平一六法二九・一部改正）

第二十七条　削除（昭五八法六五）

第二十八条　会長は、総会の議決を経て、この法律に定める事項その他日本学術会議の運営に関する事項につき、規則を定めることができる。

（昭五八法六五・一部改正）

附則抄

第二十九条　この法律のうち、第三十四条及び第三十五条の規定は、この法律の公布の日から、これを施行し、その他の規定は、昭和二十四年一月二十日から、これを施行する。

第三十条　日本学士院規程（明治三十九年勅令第百四十九号）、学術研究会議官制（大正九年勅令第二百九十七号）及び日本学士院会員の待遇に関する件（大正三年勅令第二百五十八号）は、これを廃止する。

附則（昭和二四年五月三一日法律第一三三号）

この法律は、昭和二十四年六月一日から施行する。

附則（昭和二四年一二月一二日法律第二五二号）抄

1　この法律は、公布の日から施行する。

附則（昭和二五年三月七日法律第四号）

この法律は、公布の日から施行する。

附則（昭和三一年三月二三日法律第二一号）

この法律は、昭和三十一年四月一日から施行する。

附則（昭和三一年三月二四日法律第二七号）抄（施行期日）

1　この法律は、昭和三十一年四月一日から施行する。

附則（昭和三六年六月一七日法律第一四五号）抄

この法律は、学校教育法の一部を改正する法律（昭和三十六年法律第百四十四号）の施行の日から施行する。（施行の日＝昭和三六年六月一七日）

附則（昭和三九年六月一九日法律第一一〇号）（抄）

施行期日）

1　この法律は、公布の日から施行する。

附則（昭和五八年一一月二八日法律第六五号）抄

（施行期日）

1　この法律は、公布の日から起算して一年を超えない範囲内において政令で定める日から施行する。ただし、第七条、第二十五条及び第二十六条の改正規定並びに附則第七項の規定は昭和五十九年一月二十日から起算して一年六月を超えない範囲内において政令で定める日から、第二十七条の改正規定は昭和五十九年一月二十日から、次項の規定は公布の日から施行する。

（昭和五九年政令第一五九号で本文に係る部分は昭和五九年五月三〇日から、ただし書に係る部分中第七条、第二十五条及び第二十六条の改正規定は昭和六〇年七月一九日から施行）

（経過措置）

2 昭和五十九年一月十九日において現に日本学術会議会員（以下「会員」という。）である者の任期は、日本学術会議法第七条第二項及び第二十七条第二項の規定にかかわらず、前項ただし書の政令で定める日の前日までとする。

3 この法律の施行の際現に会員である者に係る各部の定員については、改正後の日本学術会議法（以下「新法」という。）第十一条の規定にかかわらず、なお従前の例による。

4 新法第十五条の規定は、同条第一項の規則に係る部分を除き、附則第一項ただし書の政令で定める日から適用する。

5 新法第十七条の規定は、この法律の施行の際現に会員である者については、その任期中適用しない。

6 附則第一項ただし書の政令で定める日までの間、新法第十八条及び第二十二条の規定の適用については、これらの規定中「研究連絡委員会」とあるのは、「第十五条第一項の規則により設置すべきものと定められた研究連絡委員会」とする。

附則（平成一一年七月一六日法律第一〇二号）抄

（施行期日）

第一条 この法律は、内閣法の一部を改正する法律（平成十一年法律第八十八号）の施行の日から施行する。ただし、次の各号に掲げる規定は、当該各号に定める日から施行する。

（施行の日＝平成一三年一月六日）

一　略

二　附則第十条第一項及び第五項、第十四条第三項、第二十三条、第二十八条並びに第三十条の規定　公布の日

（別に定める経過措置）

第三十条　第二条から前条までに規定するもののほか、この法律の施行に伴い必要となる経過措置は、別に法律で定める。

附則（平成一六年四月一四日法律第二九号）抄

（施行期日）

第一条　この法律は、平成十七年十月一日から施行する。ただし、次の各号に掲げる規定は、当該各号に定める日から施行する。

一　第十八条から第二十二条までの改正規定、第二十二条の二及び第二十二条の三を削る改正規定並びに附則第二条から第四条まで、第五条第一項（内閣総理大臣に推薦することに係る部分を除く。）及び第二項並びに第八条の規定　公布の日

二　第一条第二項、第六条の二第二項及び第十六条第三項の改正規定並びに附則第五条第一項（内閣総理大臣に推薦することに係る部分に限る。）、第七条及び第九条から第十一条までの規定　平成十七年四月一日

（経過措置）

第二条　前条第一号に掲げる規定の施行の日（以下「一部施行日」という。）からこの法律の施行の日（以下「施行日」という。）までの間における日本学術会議法第七条第二項及び第十五条第二項の規定の適用については、これらの規定中「第二十二条」とあるのは、「日本学術会議法の一部を改正する法律（平成十六年法律第二十九号）による改正前の第二十二条」とする。

第三条　施行日の前日において日本学術会議

会員（以下「会員」という。）又は研究連絡委員会の委員である者の任期は、改正前の日本学術会議法（以下「旧法」という。）第七条第三項（旧法第十五条第三項において準用する場合を含む。）の規定にかかわらず、その日に満了する。

第四条　一部施行日から施行日の前日までの間、日本学術会議に、施行日以後最初に任命される会員（以下「新会員」という。）の候補者の選考及び推薦を行わせるため、日本学術会議会員候補者選考委員会（以下「委員会」という。）を置く。

2 委員会は、政令で定める数を超えない範囲内の数の委員をもって組織する。

3 委員は、学識経験のある者のうちから、次に掲げる者と協議の上、日本学術会議の会長が任命する。

一 内閣府設置法（平成十一年法律第八十九号）第二十九条第一項第六号に掲げる総合科学技術会議の議員のうちから総合科学技術会議の議長が指名するもの

二 日本学士院の院長

4 委員会に、専門の事項を調査させるため、専門委員を置くことができる。

5 専門委員は、学識経験のある者のうちから日本学術会議の会長が任命する。

6 委員及び専門委員は、非常勤とする。

7 前各項に定めるもののほか、委員会に関し必要な事項は、政令で定める。

第五条　委員会は、その定めるところにより、優れた研究又は業績がある科学者のうちから新会員の候補者を選考し、内閣府令で定めるところにより、内閣総理大臣に推薦するものとする。

2 委員会は、前項の規定により新会員の候補者の選考を行う場合には、次条第二項の規定によりその任期が三年である新会員の候補者と改正後の日本学術会議法（以下「新法」という。）第七条第三項の規定によりその任期が六年である新会員の候補者との別ごとに行うものとする。

第六条　新会員は、新法第七条第二項の規定にかかわらず、前条第一項の規定による推薦に基づいて、内閣総理大臣が任命する。

2　新会員の半数の者の任期は、新法第七条第三項の規定にかかわらず、三年とする。

3　新法第七条第五項の規定は、新会員（前項の規定によりその任期が三年であるものを除く。）から適用する。

第七条　附則第一条第二号に掲げる規定の施行の際、総務省本省に国家行政組織法（昭和二十三年法律第百二十号）第八条の三の特別の機関として置かれている日本学術会議及びその会長、会員その他の職員は、内閣府本府に内閣府設置法第四十条の特別の機関として置かれる日本学術会議及びその相当の職員となり、同一性をもって存続するものとする。

第八条　附則第二条から前条までに定めるもののほか、この法律の施行に関し必要な経過措置は、政令で定める。

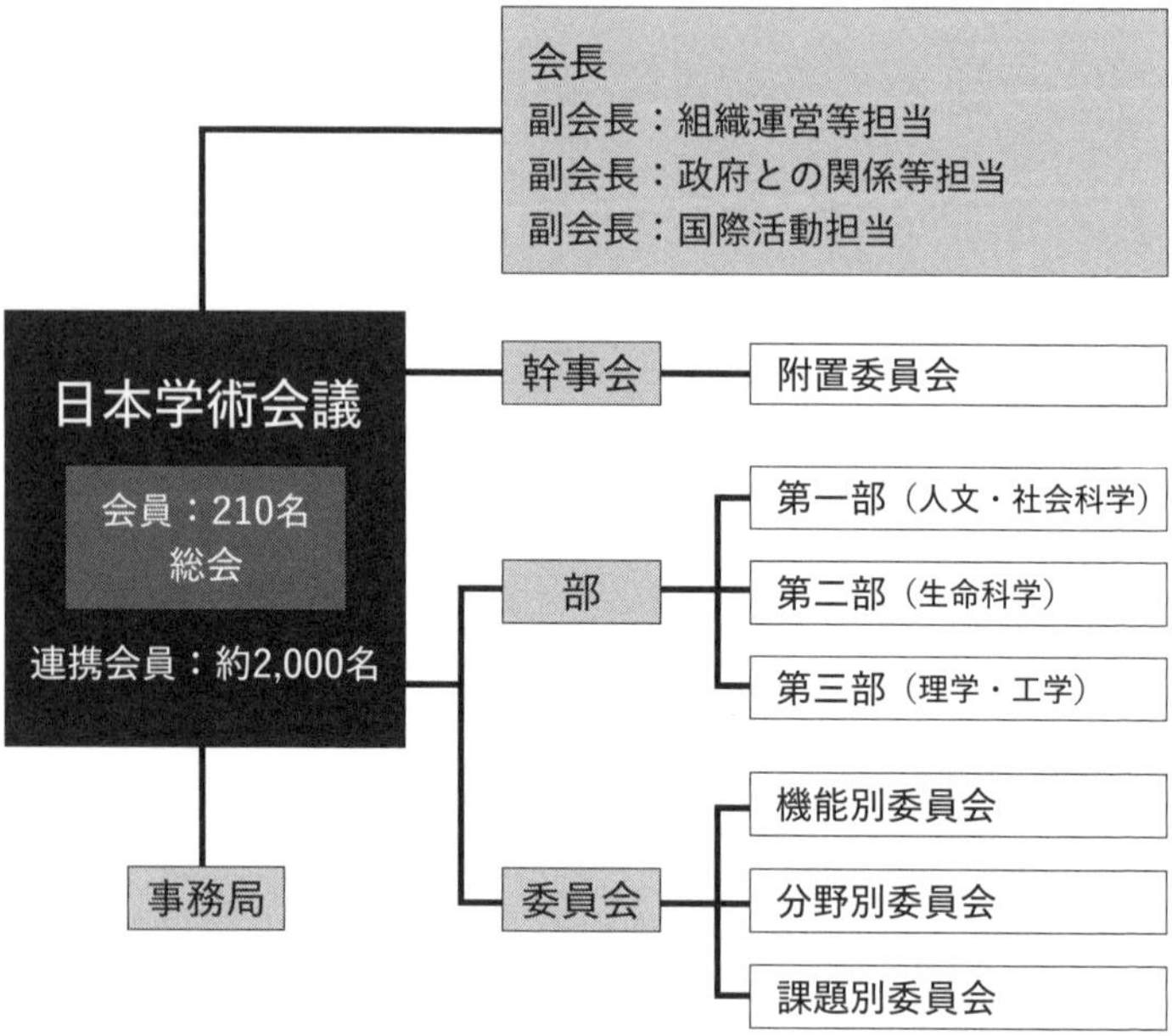

日本学術会議の組織図（日本学術会議ホームページより）

声明を公表した学協会一覧

（2020年12月15日現在）

■学協会関係

日本社会学会
日本教育学会
教育史学会
教育思想史学会
日本カリキュラム学会
社会政策学会
日本社会福祉学会
社会事業史学会
基礎経済科学研究所
唯物論研究協会
歴史学研究会
関西社会学会
日本地域福祉学会
貧困研究会
日本倫理学会
女性労働問題研究会
国際ジェンダー学会
日本環境会議
歴史科学協議会
日本保健医療社会学会
関東社会学会
西日本社会学会
東北社会学会
表象文化論学会
北ヨーロッパ学会
社会思想史学会
日本映像学会
日本福祉教育・ボランティア学習学会
日本労働社会学会
日本ＮＰＯ学会
日本家族社会学会
日本フェミニスト経済学会
日本宗教学会
日本宗教研究諸学会連合
日本文化人類学会
科学技術社会論学会
政治思想学会
地学団体研究会
日本生活指導学会
日本18世紀学会
日本地理学会
日本ポピュラー音楽学会
日本マス・コミュニケーション学会
日本スポーツとジェンダー学会
体育史学会
日本女性学会
臨床法学教育学会
日本音楽学会
日本美術教育学会
大学教育学会
日本解放社会学会
日本印度学仏教学会
日本儒教学会
日本近代文学会・昭和文学会・日本社会文学会・日本文学協会
法と心理学会

犯罪社会学会
日本環境教育学会
日本思想史学会
社会文化学会
労務理論学会
自然史学会連合・日本数学会・生物科学学会連合・日本地球惑星科学連合・日本物理学会、他97学会（形の科学会、個体群生態学会、種生物学会、植生学会、水文・水資源学会、生態工学会、生命の起原および進化学会、石油技術協会、染色体学会、地衣類研究会、地学団体研究会、地球環境史学会、地理科学学会、地理情報システム学会、東京地学協会、東北地理学会、特定非営利活動法人日本火山学会、日本サンゴ礁学会、日本プランクトン学会、日本ベントス学会、日本リモートセンシング学会、日本遺伝学会、日本宇宙生物科学会、日本衛生動物学会、日本応用地質学会、日本温泉科学会、日本花粉学会、日本解剖学会、日本海洋学会、日本貝類学会、日本活断層学会、日本気象学会、日本魚類学会、日本蜘蛛学会、日本古生物学会、日本昆虫学会、日本昆虫分類学会、日本細胞生物学会、日本時間生物学会、日本実験動物学会、日本植生史学会、日本植物学会、日本植物形態学会、日本植物生理学会、日本植物分類学会、日本神経化学会、日本神経科学学会、日本進化学会、日本人類学会、日本水文科学会、日本数理生物学会、日本生化学会、日本生態学会、日本生物教育学会、日本生物地理学会、日本生物物理学会、日本生理学会、日本雪氷学会、日本藻類学会、日本測地学会、日本大気化学会、日本堆積学会、日本第四紀学会、日本蛋白質科学会、日本地衣学会、日本地学教育学会、日本地下水学会、日本地球化学会、日本地形学連合、日本地質学会、日本地震学会、日本地図学会、日本地理学会、日本天文学会、日本鳥学会、日本動物学会、日本動物分類学会、日本農業気象学会、日本農芸化学会、日本発生生物学会、日本比較生理生化学会、日本比較内分泌学会、日本微生物生態学会、日本分子生物学会、日本分類学会連合、日本味と匂学会、日本免疫学会、日本薬理学会、日本有機地球化学会、日本陸水物理学会、日本鱗翅学会、日本霊長類学会、日本惑星科学会、日本哺乳類学会、日本蘚苔類学会、物理探査学会、「野生生物と社会」学会）
日本地方自治学会日独文化研究所
日本村落研究学会
日本臨床教育学会
日本森林学会
政治経済学・経済史学会
社会経済史学会
日本史研究会
日本平和学会
日本アフリカ学会
農業問題研究学会
食農資源経済学会
共生社会システム学会
心理科学研究会
「女性・戦争・人権」学会

公共コミュニケーション学会

日本都市社会学会

日本イスパニヤ学会

社会学系コンソーシアム（31学協会：環境社会学会、関西社会学会、関東社会学会、社会事業史学会、社会情報学会、数理社会学会、地域社会学会、茶屋四郎次郎記念学術学会、東海社会学会、東北社会学会、東北社会学研究会、西日本社会学会、日仏社会学会、日中社会学会、日本解放社会学会、日本家族社会学会、日本社会学会、日本社会学史学会、日本社会学理論学会、日本社会病理学会、日本社会福祉学会、日本社会分析学会、日本スポーツ社会学会、日本村落研究学会、日本都市社会学会、日本保健医療社会学会、日本マス・コミュニケーション学会、日本労働社会学会、福祉社会学会、北海道社会学会、日本看護福祉学会）

全国憲法研究会

経済理論学会

日本心理学会

日本科学者会議

日本医学会連合（加盟１３６学会：日本医史学会、日本解剖学会、日本生理学会、日本生化学会、日本薬理学会、日本病理学会、日本癌学会、日本血液学会、日本細菌学会、日本寄生虫学会、日本法医学会、日本衛生学会、日本健康学会、日本栄養・食糧学会、日本温泉気候物理医学会、日本内分泌学会、日本内科学会、日本小児科学会、日本感染症学会、日本結核・非結核性抗酸菌症学会、日本消化器病学会、日本循環器学会、日本精神神経学会、日本外科学会、日本整形外科学会、日本産科婦人科学会、日本眼科学会、日本耳鼻咽喉科学会、日本皮膚科学会、日本泌尿器科学会、日本口腔科学会、日本医学放射線学会、日本保険医学会、日本医療機器学会、日本ハンセン病学会、日本公衆衛生学会、日本衛生動物学会、日本交通医学会、日本体力医学会、日本産業衛生学会、日本気管食道科学会、日本アレルギー学会、日本化学療法学会、日本ウイルス学会、日本麻酔科学会、日本胸部外科学会、日本脳神経外科学会、日本輸血・細胞治療学会、日本医真菌学会、日本農村医学会、日本糖尿病学会、日本矯正医学会、日本神経学会、日本老年医学会、日本人類遺伝学会、日本リハビリテーション医学会、日本呼吸器学会、日本腎臓学会、日本リウマチ学会、日本生体医工学会、日本先天異常学会、日本肝臓学会、日本形成外科学会、日本熱帯医学会、日本小児外科学会、日本脈管学会、日本周産期・新生児医学会、日本人工臓器学会、日本免疫学会、日本消化器外科学会、日本臨床検査医学会、日本核医学会、日本生殖医学会、日本救急医学会、日本心身医学会、日本医療・病院管理学会、日本消化器内視鏡学会、日本癌治療学会、日本移植学会、日本職業・災害医学会、日本心臓血管外科学会、日本リンパ網内系学会、日本自律神経学会、日本大腸肛門病学会、日本超音波医学会、日本動脈硬化学

会、日本東洋医学会、日本小児神経学会、日本呼吸器外科学会、日本医学教育学会、日本医療情報学会、日本疫学会、日本集中治療医学会、日本平滑筋学会、日本臨床薬理学会、日本神経病理学会、日本脳卒中学会、日本高血圧学会、日本臨床細胞学会、日本透析医学会、日本内視鏡外科学会、日本乳癌学会、日本肥満学会、日本血栓止血学会、日本血管外科学会、日本レーザー医学会、日本臨床腫瘍学会、日本呼吸器内視鏡学会、日本プライマリ・ケア連合学会、日本手外科学会、日本脊椎脊髄病学会、日本緩和医療学会、日本放射線腫瘍学会、日本臨床スポーツ医学会、日本熱傷学会日本小児循環器学会、日本睡眠学会、日本磁気共鳴医学会、日本肺癌学会、日本胃癌学会、日本造血細胞移植学会、日本ペインクリニック学会、日本病態栄養学会、日本認知症学会、日本災害医学会、日本小児血液・がん学会、日本老年精神医学会、日本臨床栄養代謝学会、日本再生医療学会、日本脳神経血管内治療学会、日本骨粗鬆症学会、日本アフェレシス学会、日本女性医学学会、日本てんかん学会、日本インターベンショナルラジオロジー学会、日本内分泌外科学会）

日本生命倫理学会

カルチュラル・スタディーズ学会

幼児教育史学会

日本教育社会学会

日本経営学会

日本特別ニーズ学会

日本中東学会

大学評価学会

日本言語学会

日本社会学理論学会

現代史研究会・ドイツ現代史学会

日本科学史学会

内陸アジア史学会

考古学研究会

日本中国学会

日本地域経済学会

人間の安全保障学会

日本ナイル・エチオピア学会

国際開発学会

現代文化人類学会

経営史学会

上代文学会

日本フランス語教育学会

萬葉学会

アジア法学会理事会有志、ジェンダー法学会理事会、日本財政法学会、日本司法福祉学会、日本ジェンダー学会理事会、日本農業法学会理事会、日本流通学会、民主主義科学者協会法律部会理事会

日本ジェンダー学会

北東アジア学会

美学会

地理教育研究会

民科法律部会理事会

史学研究会

日本時間学会

国際芥川龍之介学会

ゲーテ自然科学の集い

イタリア学会

コミュニティ政策学会
現代韓国朝鮮学会
民俗芸能学会
全国大学国語国文学会
日本ロボット学会
法制史学会
日本スポーツ体育健康科学学術連合（スポーツ史学会、体育史学会理事会、東京体育学会、（一社）日本運動・スポーツ科学学会、日本健康医学会、日本コーチング学会、日本ゴルフ学会、日本水泳・水中運動学会、日本スポーツ運動学会、日本スポーツ教育学会、日本スポーツ社会学会、日本スポーツ心理学会、日本スポーツとジェンダー学会、日本スポーツマネジメント学会、日本体育科教育学会、（一社）日本体育学会、日本体育・スポーツ経営学会、日本体育・スポーツ哲学会、日本バイオメカニクス学会、日本野外教育学会、日本陸上競技学会、他賛同2団体、計23団体）
日本法哲学会

日本ドイツ学会
林業経済学会
日本教育方法学会
日本歴史学協会（秋田近代史研究会、岩手史学会、大阪大学西洋史学会、大阪歴史学会、関東近世史研究会、九州西洋史学会、京都民科歴史部会、高大連携歴史教育研究会、交通史学会、史学研究会、首都圏形成史研究会、上智大学史学会、駿台史学会、西洋史研究会、戦国史研究会、総合女性史学会、千葉歴史学会、地方史研究協議会、中央史学会、朝鮮史研究会、東京学芸大学史学会、東京歴史科学研究会、東北史学会、東洋史研究会、奈良歴史研究会、日本史研究会、日本史攷究会、日本風俗史学会、白山史学会、東アジア近代史学会、立教大学史学会、歴史科学協議会、歴史学研究会、歴史教育者協議会、歴史人類学会、早稲田大学東洋史懇話会、以上36団体）
比較経済体制学会
子どもと自然学会

日本ラテンアメリカ学会
日本図書館情報学会
ロシア・東欧学会
移民政策学会
日仏歴史学会
日仏政治学会
日本 EU 学会
日本ロシア文学会
地域研究学会連絡協議会（アジア政経学会、オーストラリア学会、日本アフリカ学会、日本EU学会、日本カナダ学会、日本現代中国学会、日本台湾学会、日本中東学会、日本ナイル・エチオピア学会、日本南アジア学会、日本ラテンアメリカ学会、ラテン・アメリカ政経学会、ロシア・東欧学会）
日本中央アジア学会
仏教文学会
憲法理論研究会
国際人権法学会
日本財政法学会
日本動物心理学会
日本行動分析学会

日本生理心理学会
日本認知心理学会
日本臨床心理学会
日本青年心理学会
日本政治学会
日本近世文学会
説話文学会
工業経営研究学会
アジア経営学会
日本家政学会
アメリカ学会
大学史研究会
日本基督教学会
日本看護系学会協議会（47学会：日本看護科学学会、聖路加看護学会、日本がん看護学会、日本看護学教育学会、日本看護管理学会、日本看護研究学会、日本救急看護学会、日本クリティカルケア看護学会、日本公衆衛生看護学会、日本循環器看護学会、日本小児看護学会、日本助産学会、日本精神保健看護学会、日本創傷・オストミー・失禁管理学会、日本地域看護学会、日本糖尿病教育・看護学会、日本母性看護学会、高知女子大学看護学会、千葉看護学会、日本アディクション看護学会、日本運動器看護学会、日本家族看護学会、日本看護医療学会、日本看護技術学会、日本看護教育学学会、日本看護診断学会、日本看護福祉学会、日本看護倫理学会、日本看護歴史学会、日本災害看護学会、日本在宅ケア学会、日本手術看護学会、日本新生児看護学会、日本腎不全看護学会、日本生殖看護学会、日本赤十字看護学会、日本難病看護学会、日本放射線看護学会、日本母子看護学会、日本慢性看護学会、日本ルーラルナーシング学会、日本老年看護学会、北日本看護学会、日本ニューロサイエンス看護学会、日本フォレンジック看護学会、日本産業看護学会、看護教育研究学会）
福祉社会学会
日本居住福祉学会
日本昆虫科学連合（17学協会：日本衛生動物学会、日本応用動物昆虫学会、都市有害生物管理学会、日本環境動物昆虫学会、日本蜘蛛学会、日本昆虫学会、日本蚕糸学会、日本ダニ学会、日本動物学会、日本農芸化学会、日本農薬学会、日本比較生理生化学会、日本ペストロジー学会、日本野蚕学会、日本鱗翅学会、日本 ICIPE 協会、日本線虫学会）
日本作物学会
日本建築学会
日本土壌肥料学会
日本農学会
防災学術連携体（58学会：安全工学会、横断型基幹科学技術研究団体連合、環境システム計測制御学会、空気調和・衛生工学会、計測自動制御学会、こども環境学会、砂防学会、水文・水資源学会、石油学会、ダム工学会、地盤工学会、地域安全学会、地理情報システム学会、土木学会、日本安全教育学会、日本応用地質学会、日本海洋学会、日本火災学会、日本火山学会、日本風工学会、日本活断層学会、日本看護系学会協議会、日本機械学会、日本危機管理防災学会、日本気象学会、日本救急医学会、日本計画行政学会、日本建築学会、日本原子力学会、日本航空宇宙学会、日本公衆衛生学会、日本古生物学会、日本コンクリート工学会、日本災害医学会、日本災害看護学会、日本災害情報学会、日本災害復興学会、日本自然災害学会、日本社会学会、日本森林学会、日本地震学会、日本地震工学会、日本地すべり学会、日本造園学会、日本第四紀学会、日本地域経済学会、日本地球惑星科学連合、日本地形学連合、日本地質学会、日本地図学会、日本地理学会、日本都市計画学会、日本水環境学会、日本リモートセンシング学会、日本緑化工学会、日本ロボット学会、農業農村工学会、廃棄物資源循環学会)

言語系学会連合(37学協会:映像メディア英語教育学会、大学英語教育学会、日本メディア英語学会、英語コーパス学会、英語語法文法学会、訓点語学会、計量国語学会、言語科学会、言語文化教育研究学会、日本語教育学会、社会言語科学会、小学校英語教育学会、全国英語教育学会、全国語学教育学会、専門日本語教育学会、第二言語習得研究会、朝鮮語教育学会、ドイツ文法理論研究会、日本英語学会、日本英語表現学会、日本音韻論学会、日本音声学会、日本韓国語教育学会、日本記号学会、日本言語学会、日本言語政策学会、日本語学会、日本語文法学会、日本語用論学会、日本手話学会、日本第二言語習得学会、日本中国語学会、日本通訳翻訳学会、日本認知言語学会、日本フランス語学会、日本方言研究会、日本歴史言語学会)

日本独文学会

中世文学会

日本比較文学会

日本フランス語フランス文学会

日本西洋古典学会

日本児童文学学会・絵本学会・英語圏児童文学会

日本教師教育学会

日本教育経営学会

日本教育法学会

15年戦争と日本の医学医療研究会幹事会

日本英文学会

日本生活学会

経済地理学会

比較文明学会

日本オリエント学会

会計理論学会

日本公民館学会

鉄道史学会

日本脳科学関連学会連合(31学会:一般社団法人日本アルコール・アディクション学会、一般社団法人日本解剖学会、一般社団法人日本小児神経学会、一般社団法人日本磁気共鳴医学会、日本自律神経学会、日本神経回路学会、日本神経化学会、日本神経科学学会、一般社団法人日本神経学会、日本神経心理学会、一般社団法人日本神経精神薬理学会、日本神経内分泌学会、一般社団法人日本神経病理学会、日本神経放射線学会、日本神経免疫学会、公益社団法人日本心理学会、一般社団法人日本睡眠学会、一般社団法人日本頭痛学会、公益社団法人日本精神神経学会、日本生物学的精神医学会、一般社団法人日本生理学会、一般社団法人日本てんかん学会、日本ニューロリハビリテーション学会、一般社団法人日本認知症学会、日本脳科学会、一般社団法人日本脳神経外科学会、公益社団法人日本薬理学会、公益社団法人日本リハビリテーション医学会、一般社団法人日本臨床神経生理学会、一般社団法人日本臨床精神神経薬理学会、認知神経科学会）

日本ウエルネス学会

「宗教と社会」学会

総合人間学会

日本有機農業学会

キリスト教史学会

日本アニメーション学会

日本学校ソーシャルワーク学会

日本リメディアル教育学会

日本オーラル・ヒストリー学会

日本木材学会

経済学史学会

人文地理学会

日仏社会学会

日本考古学協会

人文、社会科学系学協会共同声明（参加学協会（１４０学協会）：異文化間教育学会、大阪歴史学会、科学技術社会論学会、科学基礎論学会、科学社会学会、カルチュラル、スタディーズ学会、環境社会学会、関西社会学会、関東社会学会、基礎経済科学研究所、北ヨーロッパ学会、教育史学会、教育思想史学会、教育目標、評価学会、経済理論学会、言語系学会連合、言語文化教育研究学会、工業経営研究学会、考古学研究会、高大連携歴史教育研究会、国際ジェンダー学会、古事記学会、古代文学会、社会言語科学会、社会事業史学会、社会政策学会、社会政策関連学会協議会、首都圏形成史研究会、上代文学会、上智大学史学会、昭和文学会、女性史総合研究会、心理科学研究会、説話文学会、全国大学国語国文学会、専修大学歴史学会、総合女性史学会、大学評価学会、千葉歴史学会、地方史研究協議会、中央史学会、中古文学会、中世哲学会、中世文学会、東京歴史科学研究会、同時代史学会、東南アジア学会、東北社会学会、東北哲学会、名古屋歴史科学研究会、奈良歴史研究会、日仏社会学会、日本ＥＵ学会、日本英語学会、日本映像学会、日本応用心理学会、日本音韻論学会、日本音楽教育学会、日本科学史学会、日本学校音楽教育実践学会、日本カリキュラム学会、日本環境教育学会、日本韓国語教育学会、日本看護福祉学会、日本教育学会、日本教育工学会、日本教育社会学会、日本教育心理学会、日本教育法学会、日本教育メディア学会、日本教師学学会、日本教師教育学会、日本教授学習心理学会、日本キリスト教社会福祉学会、日本近代文学会、日本

グループ、ダイナミックス学会、日本言語学会、日本現象学会、日本高等教育学会、日本語学会、日本語教育学会、日本国際理解教育学会、日本古文書学会、日本サルトル学会、日本史研究会、日本社会学史学会、日本社会学会、日本社会学理論学会、日本社会教育学会、日本社会福祉学会、日本社会文学会、日本宗教研究諸学会連合、日本18世紀学会、日本職業教育学会、日本ショーペンハウアー協会、日本女性科学研究者の環境改善に関する懇談会（JAICOWS）、日本秦漢史学会、日本心理学会、日本数学教育学会、日本スポーツ社会学会、日本青年心理学会、日本生理心理学会、日本ソーシャルワーク学会、日本村落研究学会、日本地域福祉学会、日本中東学会、日本哲学系諸学会連合、日本都市社会学会、日本ナイル、エチオピア学会、日本乳幼児教育学会、日本発達心理学会、日本比較経営学会、日本比較文学会、日本美術教育学会、日本フェミニスト経済学会、日本福祉教育、ボランティア学習学会、日本文学協会、日本文化人類学会、日本マス、コミュニケーション学会、日本野外教育学会、日本ラテンアメリカ学会、日本リメディアル教育学会、日本臨床心理学会、日本歴史学協会、バイロン協会、比較経済体制学会、表象文化論学会、仏教文学会、法と心理学会、北海道教育学会、萬葉学会、民主主義科学者協会法律部会、物語研究会、唯物論研究協会、幼児教育史学会、ラテン、アメリカ政経学会、歴史科学協議会、歴史学研究会、歴史教育者協議会、労務理論学会。賛同学協会（１７０学協会）：秋田近代史研究会、秋田大学史学会、アジア経営学会、アジア鋳造技術史学会日本支部、イタリア学会、岩手史学会、印度学宗教学会、英語語法文法学会、オーストラリア学会、鷹陵史学会、大阪歴史科学協議会、関東教育学会、教育哲学会、共生社会システム学会、京都大学基督教学会、京都民科歴史部会、キリスト教史学会、経営関連学会協議会、経営史学会、経済学史学会、藝能史研究会、ゲーテ自然科学の集い、現代史研究会、交通史学会、国際芥川龍之介学会、国際幼児教育学会、子どもと自然学会、駒沢宗教学研究会、西行学会、史学研究会、実存思想協会、社会経済史学会、社会思想史学会、宗教哲学会、「宗教と社会」学会、宗教倫理学会、ジェンダー史学会、ジェンダー法学会、障害学会、女性労働問題研究会、新プラトン主義協会、人文地理学会、数理社会学会、スピノザ協会、駿台史学会、政治経済学、経済史学会、政治思想学会、西洋史研究会、戦国史研究会、全国英語教育学会、全国社会科教育学会、全国数学教育学会、体育史学会、大学教育学会、大学史研究会、地域社会学会、地域女性史研究会、中部教育学会、中部哲学会、朝鮮語教育学会、朝鮮史研究会、筑波哲学、思想学会、哲学会、ドイツ現代史研究会、東欧史研究会、東海社会学会、東京学芸大学史学会、東北史学会、東洋史研究会、内陸アジア史学会、西田哲学会、西日本社会学会、日英教育学会、日仏教育学会、日仏哲学会、日仏歴史学会、日本アメリカ文学会、日本アフリカ学会、日本イギリス哲学会、日本移民学会、日本印度学仏教学会、日本英文学会、日本NPO学会、日本オセアニア学会、日本音声学会、日本解放社会学会、日本家族社会学会、日本学校教育学会、日本学校保健学会、日本家庭科教育学会、日本カナダ学会、日本歌謡学会、日本環境会議、日本旧約学会、日本教育行政学会、日本教育実践学会、日本教育政策学会、日本教育方法学会、日本基督教学会、日本キリスト教教育学会、日本近代仏教史研究会、日本経営学会、日本ゲニザ学会、日本考古学協会、日本行動分析学会、日本山岳修験学会、日本シェリング協会、日本ジェンダー学会、日本史攷究会、日本質的心理学会、日本社会科教育学会、日本社会心理学会、日本社会病理学会、日本社会分析学会、日本宗教学会、日本儒教学会、日本職業リハビリテーション学会、日本女性学会、日本新約学会、日本生活学会、日本生活指導学会、日本体育科教育学会、日本西蔵（チベット）学会、日本中国学会、日本地理学会、日本哲学会、日本道教学会、日本動物心理学会、日本特殊教育学会、日本独文学会、日本特別活動学会、日本箱庭療法学会、日本犯罪社会学会、日本風俗史学会、日本福祉文化学会、日本仏教綜合研究学会、日本フランス語学会、日本文学風土学会、日本平和学会、日本ヘーゲル学会、日本保育学会、日本保育ソーシャルワーク学会、日本保健医療社会学会、日本保健医療社会福祉学会、日本ポピュラー音楽学会、日本マイクロカウンセリング学会、日本流通学会、日本労働社会学会、ハイデガー、フォーラム、パーリ学仏教文化学会、白山史学会、比較家族史学会、比較思想学会、美学会、東アジア近代史学会、貧困研究会、福祉社会学会、仏教思想学会、文化史学会、法政大学史学会、北東アジア学会、北海道社会学会、美夫君志会、洛北史学会、林業経済学会、歴史人類学会、ロシア史研究会、ロシア、東欧学会、早稲田大学史学会、早稲田大学東洋史懇話会）

関西心理学会

日本高等教育学会

日本選挙学会

日本比較政治学会

日本社会保障法学会

日本農業市場学会

日本言語政策学会

日本経済法学会

社会言語科学会

日本微生物学連盟

横断型基幹学技術研究団体連合（35学会：応用統計学会、形の科学会、経営情報学会、計測自動制御学会、研究・イノベーション学会、行動経済学会、国際戦略経営研究学会、システム制御情報学会、社会情報学会、商品開発・管理学会、スケジューリング学会、日本MOT学会、日本応用数理学会、日本オペレーションズ・リサーチ学会、日本開発工学会、日本感性工学会、日本経営工学会、日本経営システム学会、日本計算工学会、日本シミュレーション&ゲーミング学会、日本シミュレーション学会、日本情報経営学会、日本信頼性学会、日本生体医工学会、日本生物工学会、日本知能情報ファジィ学会、日本デザイン学会、日本統計学会、日本人間工学会、日本バーチャルリアリティ学会、日本バイオフィードバック学会、日本品質管理学会、日本リアルオプション学会、日本リモートセンシング学会、日本ロボット学会）
日本災害医学会
日本財務管理学会
日本英語教育史学会

■大学・研究所関係

法政大学　総長メッセージ
明治学院大学キリスト教研究所・国際平和研究所有志
東京大学大学院人文社会系研究科長メッセージ
東京大学社会科学研究所所長メッセージ
京都大学大学院文学研究科長メッセージ
関西学院大学大学院社会学研究科委員会
早稲田大学法学学術院長
名古屋学院大学有志
香川大学教員有志
国際基督教大学・学長
東京大学総長メッセージ
上智大学グローバル・コンサーン研究所
立命館大学法務研究科長、立命館大学法学部長
北海学園大学教員有志
立教大学社会学部
早稲田大学政治経済学術院教員有志
一橋大学大学院法学研究科教員有志
立命館大学法学部・法務研究科教員有志
立命館大学文学部教員有志
新潟大学教員有志
関西学院大学社会学部教授会
関西学院大学神学部教授会
立命館大学元学部長・研究科長有志
福岡大学教員有志
国立大学法人八大学文学部長会議（北海道大学、東北大学、東京大学、名古屋大学、京都大学、大阪大学、広島大学、九州大学）
一橋大学学長
龍谷大学法学部教授会
龍谷大学政策学部教授会
京都大学大学院文学研究科・文学部教授会
立命館大学長
東北大学部局長有志
東京大学大学院総合文化研究科研究科長
専修大学学長メッセージ
立教大学文学部教員有志
関西学院大学文学部教授会
佛教大学社会福祉学部教授会

■大学人関係

全国大学院生協議会
自由と平和のための京大有志の会
戦争法廃止をめざす東大有志の会
安保法制に反対する関西圏大学有志の会
自由と民主主義を追求する愛知大学有志の会
大学の危機をのりこえ、明日を拓くフォーラム（大学フォーラム）
平和と人権を希求するオール明治の会
自由・平和・民主主義を愛し戦争法制に反対する名古屋大学人の会
憲法を考える法政大学教職員の会有志
憲法研究者有志（138名）
北海道の大学・高専関係者有志アピールの会
愛媛県内学者・文化人有志
長野大学教職員と地域住民の有志一同
平和と憲法をまもる信州大学人の会
安保法に反対する高知の大学人声明・高知憲法アクション
ロシア史研究会有志
刑事法研究者有志
滋賀大学元学長・宮本憲一
神奈川県大学人・研究者有志
安全保障関連法案に反対する東洋大学有志の会
芸術と学問と自由のための有志一同
立憲主義を未来へつなぐ大学人の会くまもと
内閣総理大臣による日本学術会議新規会員の任命拒否に関する早稲田大学関係者有志
岡山大学教員・元教員有志
慶應義塾有志
日本学術会議会員候補6名の即時任命を強く要請する静岡大学教職員及び退職教職員有志の会
東北学院大学教職員有志
安全保障関連法に反対する成蹊学園有志の会
学術会議の任命拒否を問う山梨学者・大学人の会
近畿大学関係者有志
大東文化大学有志の会

■労働組合関係

全国大学高専教職員組合（全大教）
日本私大教連
東京大学教職員組合
京都大学職員組合
東京私大教連
東京地区大学教職員組合協議会（都大教）
北海道大学教職員組合
徳島大学教職員労働組合
近畿大学教職員組合
大阪大学箕面地区教職員組合
山口大学教職員組合
関西私大教連執行委員会
京滋地区私立大学教職員組合連合執行委員会
全労連
京都教職員組合
日本マスコミ文化情報労組会議
京都地方労働組合総評議会
立命館大学教職員組合
日本国家公務員労働組合連合会（国公労連）

全日本教職員組合（全教）
九州私大教連
日本出版労働組合連合会
全国公立大学教職員組合連合会（公大連）
映画演劇労働組合連合会（映演労連）
東京学芸大学教職員組合
大阪市立大学教職員労働組合
静岡大学教職員組合
名古屋大学職員組合
東北大学職員組合
電気通信大学教職員組合
熊本大学教職員組合
東京都立大学労働組合
北海道私大教連
明治大学教職員組合
和歌山大学教職員組合
国立天文台職員組合
岩手大学教職員組合
岡山大学教職員組合
全大教：第53回定期大会特別決議
筑波研究学園都市研究機関労働組合協議会（学研労協）

■法曹関係

自由法曹団東京支部
自由法曹団
福岡県弁護士会
京都弁護士会
愛知県弁護士会
長野県弁護士会
滋賀弁護士会
千葉県弁護士会
青年法律家協会北海道支部／日本労働弁護団北海道ブロック／自由法曹団北海道支部
岡山弁護士会
佐賀県弁護士会
改憲問題対策法律家6団体連絡会（社会文化法律センター、自由法曹団、青年法律家協会弁護士学者合同部会、日本国際法律家協会、日本反核法律家協会、日本民主法律家協会）
日本弁護士連合会
民主主義科学者協会法律部会関東甲信越支部

東京弁護士会
愛知県弁護士会
仙台弁護士会
宮崎県弁護士会
大阪弁護士会
新潟県弁護士会
福島県弁護士会
沖縄弁護士会
第二東京弁護士会
福井弁護士会
静岡県弁護士会
富山県弁護士会
旭川弁護士会
埼玉弁護士会
東北弁護士会連合会
札幌弁護士会
金沢弁護士会
兵庫県弁護士会
奈良弁護士会
群馬弁護士会
広島弁護士会
岐阜県弁護士会
神奈川県弁護士会

茨城県弁護士会
山梨県弁護士会
秋田弁護士会
青森県弁護士会
日本民主法律家協会
島根県弁護士会
山口県弁護士会
鹿児島県弁護士会
山形県弁護士会
熊本県弁護士会
釧路弁護士会

■諸団体

安保破棄中央実行委員会
日本平和委員会
憲法会議
新日本婦人の会
治安維持法犠牲者国家賠償要求同盟
全日本民医連
ヒューマンライツ・ナウ
フォーラム平和・人権・環境
立憲デモクラシーの会
戦争させない9条壊すな!総がかり行動実行委員会
映画人有志22名
軍学共同反対連絡会
東京革新懇
平和をめざすオールおおいた
全国地域人権運動総連合
戦争する国づくりストップ!憲法を守り・いかす共同センター
日本ジャーナリスト会議
日本消費者連盟
安斎科学・平和事務所
世界平和アピール7人委員会
日本住宅会議
婦人民主クラブ
日本アジア・アフリカ・ラテンアメリカ連帯委員会(日本AALA)
市民連合
日本ペンクラブ
部落問題研究所
九条科学者の会
教育科学研究会
日本看護系大学協議会
日本子どもを守る会
民主教育研究所
独立映画鍋
歴史教育者協議会
奨学金の会
文化団体連絡会議
子どもと教科書全国ネット21
市民社会スペースNGOアクションネットワーク(NANCiS)
日本劇作家協会
日本自然保護協会、日本野鳥の会、世界自然保護基金ジャパン
全国青年司法書士協議会
「フォーラム・子どもたちの未来のために」実行委員会
全日本年金者組合
平和をつくり出す宗教者ネット
日本宗教者平和協議会
子どもの権利・教育・文化 全国センター
日本出版者協議会
日本キリスト教協議会
安保法制の廃止と立憲主義の回復を求める市民の会しが世話人会

民主法律協会
日本キリスト教団北海教区
日本ナザレン教団
宗教者有志
日本演出者協会
日本脚本家連盟
図工美術教育研究団体「新しい絵の会」
美術家平和会議
日本中国友好協会
日本障害者協議会
全国障害者問題研究会
全国保険医団体連合会
大阪府歯科保険医協会理事会
全日本リアリズム演劇会議
平和と民主主義のための研究団体連絡会議（平民研連）
新日本スポーツ連盟付属スポーツ科学研究所
Protest Rave
ロバアト・オウエン協会
東京都小金井市議会
平和・国際教育研究会
日本パグウォッシュ会議
宗教法人「生長の家」
NHK・メディアを考える京都の会
現代歌人協会・日本歌人クラブ
東京歴史科学研究会
みやざき学者・文化人・弁護士の会
薬害オンブズパースン会議
〝コロナ危機 今こそ 廃止を！ 裁判員制度〟10・22クレオ集会声明
新日本医師協会（新医協）
西洋史研究者の会
日本国民救援会
総合社会福祉研究所
日本児童文学者協会
詩人会議
歌人協会
日本美術会
河上肇記念会
核戦争に反対する北海道医師・歯科医師の会
美術評論家連盟
安保体制打破　新劇人会議
核戦争に反対する北海道医師・歯科医師の会
ねりま九条の会
全国保育団体連絡会
鎌倉平和学習会
筑波研究学園都市研究所・大学関係9条の会
技術教育研究会
日本のうたごえ全国協議会
共謀罪対策弁護団
国際人権規約完全実施促進連絡会議（国連NGO国内女性委員会、婦人国際平和自由連盟日本支部、日本汎太平洋東南アジア婦人協会、公益社団法人自由人権協会、日本カトリック正義と平和協議会、女性参政権を活かす会、公益財団法人 日本YWCA、日本キリスト教協議会）
新建築家技術者集団
平和遺族会
九条美術の会
オール沖縄会議
日本民主主義文学会

（「学者の会」調べ）

日本学術会議問題日録

8月31日
日本学術会議（以下、「学術会議」）が新会員候補105人の推薦名簿を内閣府人事課に提出。

9月16日
菅義偉内閣発足。

9月24日
内閣府人事課が学術会議新会員として6人を除外する99人を任命する決裁文書を起案。9月28日、菅首相は学術会議新会員について決裁を行う。

10月1日
「しんぶん赤旗」が「菅首相会議人事に介入」という見出しで第一報を掲載。翌日から同紙を後追いする形で各メディアが報道。

10月2日
加藤勝信官房長官が「法に基づいて適切に対応した結果」と説明。
日本学術会議総会で梶田隆章会長が、政府に任命拒否理由と6人の任命求める要望書を出すことを提案。

10月3日
日本学術会議幹事会で「要望書」を正式に決議。

10月5日
菅首相は内閣記者会で「推薦された方をそのまま任命する前例踏襲でいいか考えてきた」「総合的俯瞰的な活動を確保する観点から、今回の任命について判断した」と発言。
自民党の船田元・元経済企画庁長官がメールマガジンで「任命しなかったことについて、明らかに解釈の『変更』だ」と批判する。
フジテレビ上席解説委員が情報番組で「6年

間ここで働いたらそのあと学士院ってところに行って年間250万円年金貰えるんですよ」と発言するが、翌日、同番組で「訂正します。大変失礼いたしました」と謝罪。

10月8〜9日

各メディアが、2018年に官邸が学術会議の補充人選を「ふさわしくない」と拒否していたことを報道。学術会議側は「理由もなく拒否に応じられない」という方針を示し、山極寿一・学術会議会長（当時）は官邸に理由を質すため面会を求めたが、官邸は応じることなく、2年間補充できなかった。

10月9日

菅首相は任命の際、学者個人の思想信条が影響するかについて「それはありません」。6人を除外する前の推薦名簿は「見ていません」と発言。

河野太郎・行政改革担当相は「定員について聖域なく、例外なく見る」と語る。

国内の93学会（日本社会学会、日本教育学会、日本物理学会、日本数学会など）が「理由を付さずに任命されなかったことを憂慮する」と声明。

10月14日

「安全保障関連法に反対する学者の会」が会見を開き、政府の姿勢を批判。小熊英二・慶應義塾大教授の発言。「あらゆる機関で地域、思想、宗教、性別などで差別することがいくらでも可能になる。企業や学校などにも奨励しかねない。歯止めをかけないといけない」。

自民党政務調査会内閣第二部会「政策決定におけるアカデミアの役割に関する検討PT」第一回会議。

10月16日

菅首相と梶田学術会議会長が会談し15分の意見交換を行う。学術会議が決議した任命拒否の理由、6人の速やかな任命を求める要望書を手渡すが、この件で踏み込んだやりとりはなかった。

10月20日

ノーベル賞医学生理学賞を受賞した本庶佑・京都大特別教授が批判。「国立大の学長任命などにも拒否権が拡大されていきかねず、危険だ」(東京新聞10月20日)。

10月23日

井上信治・科学技術担当相と梶田・学術会議会長が会談。井上・科学技術担当相は「任命は総理の権能」と答えるにとどめ、任命拒否理由は説明しなかった。

任命を拒否された6人が外国特派員協会で記者会見。

10月26日

菅首相は報道番組で学術会議会員の現況について「民間や若い人は極端に少ない。一部の大学に偏っているのも客観的事実です」「地方の会員も専任される多様性が大事です」。任命理由を問われると「説明できることと、説明できないことがあります」。

10月29日

菅首相の国会答弁。「民間出身者や若手が少なく出身や大学にも偏りが見られます。いわゆる『旧帝国大学』と言われる7つの国立大学に所属する会員が45%を占めています。それ以外の173の、国立大学・公立大学は、合わせて17%で、615ある私立大学は24%にとどまっている。産業界に所属する会員や、49歳以下の会員は、それぞれ3%にすぎない。特定の分野の研究者であることをもって、任命を判断したことはありません」。学問の自由を侵害する恐れがあるのではないかとの問いに「会員らが個人として有する学問の自由を侵害し、会議の職務の独立性を侵害することになるとは考えていません」。

大西隆・元学術会議会長が現会員数２０４人の所属大学、属性などの資料を野党に提出。東京大34人（16・4％）、２０１１年の同大学28・１％から低下。地域別については関東地方の11年10月59・５％だったのが、20年10月には49・５％と10ポイント下がったと指摘。

11月2日

菅首相は国会で「官房長官のときから学術会議にさまざまな懸念を持っていた」「閉鎖的で既得権のようになっている」「加藤（陽子）先生以外の方は承知していなかった」と答弁。

11月3日

国会前で「安全保障関連法に反対する学者の会」「全国大学有志の会」が集会。約８００人が参加。

11月4日

菅首相は国会で「人事に関することなのでお答えを差し控える」と従来の答弁を繰り返す。１９８３年中曽根康弘首相が国会で「政府が行うのは形式的任命にすぎません」と話したことについて、加藤官房長官の国会答弁。「約40年前だからその趣旨を今から把握するのはむずかしい」。

11月6日

人文社会科学系学会連合連絡会記者会見・２２０余学会の「共同声明」。

11月11日

自民党が学術会議のあり方を考えるプロジェクトチームを立ちあげ、その会合を開催。座長は塩谷立・元文科相。国から独立した法人格への組織変更を求める提言を井上・科学技術担当相に提出。会員の次の任期となる２０２３年９月までの新組織発足を求め、「国からの独立も検討する」と提言。

11月12日

学術会議事務局は、自民党の甘利明・衆議院議員のブログでのリポート「日本学術会議は中国の千人計画に積極的に協力しています」について、「協力している事実はない」と明言した。甘利議員は「他国の研究者を高額な年俸（報道によれば年収8千万円！）で招聘《しょうへい》し、研究者の経験知識を含めた研究成果を全て吐き出させる。研究者には千人計画への参加を厳秘にする事を条件付けている」「中国では民間学者の研究は人民解放軍の軍事研究と一体」と説明したが、次のように修正。「間接的に協力していることになりはしないか」。学術会議の大西隆・元会長は「おわびをして訂正することが必要。中国の千人計画と日本学術会議はまったく関係がない。極めて無責任なブログの書き方だ。うその情報の流布に責任ある地位の国会議員が介在するのはゆゆしき問題だ。うその情報の流布を打ち消すのが責任」と批判。

11月14日

2018年の会員人選で宇野重規・東京大教授が官邸によって任命拒否されていたことを東京新聞が報道。

11月26日

井上科学技術担当相は学術会議の梶田会長と面会。学術会議を政府から独立した組織にすることも含め、検討する必要があるという考えを示す。井上科学技術担当相の会見での発言。「有識者や若手研究者から意見を聞いたほか、国会や国民世論でいろいろな問題意識が示される中、『本当に国の機関である必要があるのか』とか『公務員である必要があるのか』といった意見もある」「まずは学術会議に考えてもらい、年内に報告をもらって、それをもとに考えていく」。

12月4日

菅首相は会見で「これほどまで反発が広がる

と思っていたのか」と学術会議問題に触れられると、「縦割り、既得権益、悪しき前例主義を打破したい。学術会議も新しい方向に向かった方が良いと考え、自ら判断しました。（反発は）かなりあるんじゃないかなというふうには思っていました」。任命拒否理由については「人事のことなのでお答えは差し控える」。

12月9日

学術会議のあり方を考えるプロジェクトチーム、自民党本部で会合を開き「独立した新たな組織として再出発すべきだ」とした提言案をまとめる。新組織への移行は2023年9月をめどとする。提言案には「学術会議は独立した法人格を有する組織とすべき」と明記。独立行政法人、特殊法人、公益法人を例示し、名称も再検討する必要があるとしている。

12月11日

内閣府の内部資料が野党側に提出され、「外すべき者（副長官から）」と手書きの文書が公開される。資料日付は6人が除外された決裁文書の起案日と同じ。杉田和博官房副長官が6人の任命拒否に関与したことが明らかに。

12月16日

学術会議は幹事会を開催。組織としての機能を充実させるための改革案の中間報告、「日本学術会議のより良い役割発揮に向けて（中間報告）」を井上科学技術担当相に提出。5項目の課題として、「1 科学的助言機能の強化」「2 対話を通じた情報発信力の強化」「3 会員選考プロセスの透明性の向上」「4 国際活動の強化」「5 事務局機能の強化」を提起。自民党の学術会議のあり方を考えるプロジェクトチームから提案された「国から独立した組織」化については、ナショナルアカデミーの5要件として、①学術的に国を代表する機関としての地位、②そのための公的資格の付与、③国家財政支出による安定した財政基盤、④活動面での政府からの独立、⑤会員選考における自主性・独立性、の指針を示す。

〈参考〉朝日新聞、産経新聞、日本経済新聞、毎日新聞、読売新聞、しんぶん赤旗、NHKなど各テレビ局ウェブサイト。日本学術会議、自民党、立憲民主党、日本共産党の各ウェブサイト。

あとがき

上野千鶴子

２０２０年9月28日の菅総理による学術会議会員任命拒否の報道以来、日本の学術界に激震が走った。その余震はまだ収まっていない。政権はおそらく自分がしたことの重大さに後になって気がついたにちがいない。

本書は学術界のふかい危機感から生まれた。執筆者には学術会議会員を経験した人もしなかった人もいる。研究者もそうでない人もいる。どのひとの論考も同じ主題をめぐって、それぞれのパーツの音を奏でる交響曲を聴いたような気分になる……編者として、寄せられたすべての論考に目を通したあとの感想がこれであった。執筆を依頼したひとたちは快く承諾してくださり、緊急出版という制約の中で、締め切りを守って下さった。なお、立場上、寄稿に応じていただけなかった関係者がいることを付記しておく。

この「学問の自由が危ない！」という交響曲に、強力な合唱団がついたのが、1千を超える学協会からの抗議声明だった。合唱だから、ユニゾン（斉唱）ではない。これもまた同じ主題をめぐってそれぞれのパーツが異なる音色を奏で、期せずして唱和した感がある。誰かとりまとめる者や呼び掛けがあったわけではない。さまざまな団体が、自発的に動いたのだ。もともと独立自主の気概がつよく、つるまないことをよしとする学者の世界では稀有なことだと思う。

本書の編者が、佐藤、上野、内田と並んでいることをふしぎに感じる読者もおられるかもしれない。この三人は共に「学者の会」の呼びかけ人だが、上野と内田の折り合いがよくないことをご存知の読者もおられるだろう。だが、今回の危機感は、学者同士のそんな懸隔をふっとばすほどの大きさだったと理解していただきたい。わたしたちには闘うべき「共通の敵」がいる……それが学者を連帯させたのである。出版事情がきびしいなか、緊急出版に踏み切ってくださった編集者と出版社にも感謝したい。

ナショナリズムに便乗するわけではないが、本書は「憂国の書」となった。読者は「学問の自由」が「国益」にとっていかに重要かを本書を読んで得心されるだろう。その国益は、学術の成果の秘匿や独占によってではなく、公開と共有によって守られる。また日本の学術の発展は、今や国籍を超えた人材で担われている。日本学術会議は目下のところ外国籍の研究者に会員資格を認めていない。そしてこの会員の国籍問題は久しく懸案事項となってきた。スポーツやアートの世界がすでに担い手の国籍を問わないように、学術の世界も国籍を問わずに発展している。グローバルな共生社会のために、性別、人種、国籍、階級、性的指向性等を問わない開かれた学知の共同体をつくること、そしてそれが日本という国家に対する国際社会の尊敬と信頼を獲得するという「国益」につながることを、最後に述べておこう。

2020年12月12日

あとがき

内田樹

晶文社の安藤聡さんから緊急出版の打診を受けたのは、政府による学術会議新会員任命拒否に対してネット上できびしい批判の声が上がり始めた2020年10月1日でした。この問題についてつよい危機感を抱いたので、当事者である学者たちの意見を集約して緊急出版したいというのが安藤さんの意向でした。そのメールとほぼ同時に佐藤学先生からは「学者の会」として組織的なアクションを起こすというお知らせを頂きました。偶然の一致ですが、こういう「ご縁」には必然性があるものです。佐藤先生に編集責任者をお願いして、学者の会の活動に連動すれば、最も趣旨にかなった本づくりができるだろうと思い、安藤さんと佐藤先生を僕がとりもつかたちでこの本の出版がその日のうちに決まりました。

佐藤先生に加えて上野千鶴子先生と僕の三人を共同編者にするというのは佐藤先生のアイディアです。実はこの三人は2015年に一度共同行動をしたことがあります。安全保障関連法案に反対する学者の会が発足してすぐに議員会館に抗議文書を届けるという活動がありました。その時に集まったメンバーで手分けして各党の理事を訪問することになったのですが、佐藤先生のご指名で、自民党理事には上野先生と僕が当たることになりました。「自民党には武闘派の二人に行ってもらいましょう」と佐藤先生が笑って言ったのを覚えています。上野先生が書いている通り、僕たちは思想的立場が異なります。でも、その対立が「区々たるもの」に思えるほどに安全保障関連法案の採決を押しとどめることには緊急性がありました。今回の日本学術会議問題もそれと同じです。

政府による日本学術会議の新会員任命拒否の「歴史的意味」はきわめて重いものです。佐藤先生はこれを「クーデタ」と名づけていますが、これは日本の民主制を深く傷つけ、国際社会における日本の学術の信頼性と威信を著しく損なう行為です。

権力者におもねる人間だけを重用し、少しでも批判的なものは排除することは、短期的には管理コストの削減にはなるでしょうが、長期的には「曲学阿世の徒」の前だけにキャリアパスが開け、日本の学術的発信力は地に墜ちるでしょう。僕は一国民として、日本がそんなふうにして「世界の笑いもの」になることには耐えられないのです。

今回の日本政府の学術会議に対する暴挙は憲法違反であり、日本学術会議法違反であり、学術共同体に対する国際的ルールの違反です。でも、僕が何より許せないのは、この行動を駆動しているのが「権力者はどのような規則違反をしても咎められない」ということを誇示したいという政治家の幼児的欲望だからです。そのようなことのために一国の学術を蔑ろにして恥じない人たちには国を治める資格はない。ただちにその座を去って欲しいと切に願っています。

2020年12月14日

学問《がくもん》の自由《じゆう》が危《あぶ》ない
日本学術会議問題の深層

2021年1月30日　初版
2021年2月25日　2刷

編　者　佐藤学、上野千鶴子、内田樹

著　者　長谷部恭男、杉田敦、髙山佳奈子、木村草太、後藤弘子、池内了、三島憲一、永田和宏、鷲谷いづみ、津田大介

発行者　株式会社晶文社
東京都千代田区神田神保町1-11　〒101-0051
電　話　03-3518-4940(代表)・4942(編集)
U R L　http://www.shobunsha.co.jp

印刷・製本　中央精版印刷株式会社

ISBN978-4-7949-7250-7 Printed in Japan

好評発売中

ポストコロナ期を生きるきみたちへ　内田樹 編　〈犀の教室〉
コロナ・パンデミックによって世界は変わった。グローバル資本主義の神話は崩れ、一握りの富裕層がいる一方で、貧困にあえぐ多くのエッセンシャルワーカーがいる。この矛盾に満ちた世界をどうするか？ 有史以来の「歴史的転換点」を生きる中高生たちに向けて、5つの世代20名の識者が伝える希望に満ちたメッセージ集。

日本の反知性主義　内田樹 編　〈犀の教室〉
集団的自衛権の行使、特定秘密保護法、改憲へのシナリオ……あきらかに国民主権を蝕み、平和国家を危機に導く政策が、どうして支持されるのか？　その底にあるのは「反知性主義」の跋扈！　政治家たちの暴走・暴言から、メディアの迷走まで、日本の言論状況、民主主義の危機を憂う、気鋭の論客たちによる分析。

自衛隊と憲法　木村草太　〈犀の教室〉
自衛隊は憲法に明記すべきなのか？　改憲の是非を論じるためには、憲法の条文やこれまでの議論を正しく理解することが必要だ。憲法と自衛隊の関係について適切に整理しつつ、9条をはじめとする改憲をめぐる過去の議論についてもポイントを解説。残念で不毛な改憲論に終止符を打つ、全国民必携のハンドブック。

原子力時代における哲学　國分功一郎　〈犀の教室〉
1950年代、並み居る知識人たちが原子力の平和利用に傾くなかで、ただ一人原子力の本質的な危険性を指摘していたのがハイデッガー。なぜ彼だけが原子力の危険性を指摘できたのか。その洞察の秘密はどこにあったのか。ハイデッガーのテキスト「放下」を軸に、壮大なスケールで展開される技術と自然をめぐる哲学講義録。

呪いの言葉の解きかた　上西充子
「文句を言うな」「嫌なら辞めちゃえば？」「母親なんだからしっかり」…政権の欺瞞から日常のハラスメント問題まで、隠された「呪いの言葉」を、「ご飯論法」や「国会PV（パブリックビューイング）」でも大注目の著者が徹底的に解く！思考の枠組みを縛ろうとする呪縛から逃れ、一歩外に踏み出すための一冊。

さよなら！ ハラスメント　小島慶子 編
財務省官僚トップによるセクハラ問題、医学部不正入試問題、スポーツ界を揺るがす数々のパワハラ、アイドルに対する人権無視…。ハラスメントの在りようは、いまの日本を写し出す鏡でもある。なぜハラスメントが起きるのか？ ハラスメントのない社会にするために何が必要なのか？ 小島慶子が11人の識者と共に考える。